Krebs

Über dieses Buch

Alles über Ihr ›Sternzeichen‹, auf einen Blick! Kurz, klar und übersichtlich – alles, was man über den Krebs weiß und wissen sollte. Mit Tabellen zur einfachen Bestimmung Ihres Aszendenten und Ihres Mondzeichens.

Über die Autorin

Sabine Heideweg, Psychologin und Astrologin, lebt in der Nähe von Lübeck. Sie ist Autorin mehrerer erfolgreicher Handbücher zur Sonnen- und Mondkraft.

Sabine Heideweg

Krebs

Alles über Ihr ›Sternzeichen‹
Mit Mondzeichen
und Aszendent

KÖNIGSFURT-URANIA

Bibliographische Information der Deutschen Nationalbibliothek
Die Deutsche Nationalbibliothek verzeichnet diese Publikation in der Deutschen Nationalbibliographie; detaillierte bibliographische Daten sind im Internet über http://dnb.d-nb.de abrufbar.

Sonderausgabe
Krummwisch bei Kiel 2013

D-24796 Krummwisch
www.koenigsfurt-urania.com
www.tarotworld.com

Umschlaggestaltung: Conny Eisfeld / Hermann Betken, Oldenbüttel, unter Verwendung der folgenden Motive: grunge zodiac - Cancer © Kess – Fotolia.com; grunge background © Kess – Fotolia.com; Vollmond gelb © Tristan3D – Fotolia.com

Lektorat: Susanne Peymann, Berlin
Korrektur: Helga Eichner, München, und Susanne Schöfer, Oberdiebach
Satz und Layout: Stefan Hose, Götheby-Holm
Druck und Bindung: Aalexx Buchproduktion, Großburgwedel
Printed in EU

ISBN 978-3-86826-354-1

Inhalt

Zum Geleit

Wie die Einteilung der Welt in vier Himmelsrichtungen oder die Vorstellung von den vier Temperamenten, so gehört auch der Tierkreis mit seinen 12 Zeichen zu den alten Überlieferungen der abendländischen Tradition. Auch die moderne Psychologie hat die Beschäftigung mit den 12 Tierkreiszeichen nicht überflüssig gemacht. Eine Beschreibung menschlicher Charaktere und psychologischer Typen kommt ohne die Kenntnis der *vier Elemente* Feuer, Wasser, Luft und Erde und der aus ihnen entwickelten12 Tierkreiszeichen nicht aus.

»Während des Schlafs weist die seelische Tätigkeit eine andere Logik auf als im wachen Dasein. Im Schlaf brauche ich mich nicht um Dinge zu kümmern, die nur im Umgang mit der Wirklichkeit von Bedeutung sind. Wenn ich zum Beispiel von einem Menschen das Gefühl habe, daß er ein Feigling ist, dann kann ich von ihm träumen, er habe sich aus einem Menschen in ein Huhn verwandelt. Diese Verwandlung ist in bezug auf mein Gefühl gegenüber dieser Person sinnvoll, unsinnig ist sie nur in bezug auf meine Orientierung zur Außenwelt (in bezug darauf, was ich realistisch mit dem Betreffenden tun könnte). Dem Schlaferlebnis fehlt nicht die Logik, aber es handelt sich um andere logische Gesetze, die jedoch in diesem Erlebniszustand völlig gültig sind« (Erich Fromm).

Diese *anderen logischen Gesetze* drücken sich u.a. in der Symbolik der Tierkreiszeichen aus. Hier begegnen uns die Menschen zwar nicht unbedingt als Huhn, aber beispielsweise als Stier oder als Krebs.

Astrologische Definition der Tierkreiszeichen

Widder: Ich bin
Stier: Ich habe
Zwillinge: Ich denke
Krebs: Ich fühle
Löwe: Ich will
Jungfrau: Ich analysiere
Waage: Ich gleiche aus
Skorpion: Ich begehre
Schütze: Ich sehe
Steinbock: Ich nutze
Wassermann: Ich weiß
Fische: Ich glaube

Einführung

An wen richtet sich dieses Buch? Zunächst an alle »Krebse« (das sind die zwischen dem 22. Juni und dem 22. Juli Geborenen sowie all die – unabhängig vom Geburtstag –, deren *Mond* im Krebs steht). Ferner richtet sich dieses Buch an Alle, die direkt mit Krebs-Frauen oder -Männern zu tun haben. Darüberhinaus sind wir jedoch alle betroffen: Jede und Jeder hat einen gewissen Anteil *Krebs* in sich. So kann die Beschäftigung mit diesem wie mit allen Tierkreiszeichen dazu dienen, eigenes und fremdes Verhalten besser verstehen zu lernen.

Der Krebs als Kraft in uns allen

Dieses Buch richtet sich an Laien wie an Profis, an Einsteiger wie an Fortgeschrittene. In kurzen, knappen Zügen soll das Wesentliche dieses Tierkreiszeichens herausgestellt werden. Eine weitergehende oder allgemeine Einführung in die Astrologie ist hier ebenso wenig bezweckt wie eine Einführung in die Horoskopdeutung.

Auf Seite 27 finden Sie praktische Tips für alle Krebse ... und für den richtigen Umgang mit ihnen! Sehr praktisch sind auch die Erklärungen der Kombinationen: Alle 12 möglichen Aszendenten und alle 12 Mondzeichen werden in Verbindung mit dem Krebs dargestellt. Wenn Sie Ihren Aszendenten oder Ihr Mondzeichen noch nicht kennen, so finden Sie im Anhang (ab Seite 79) Tabellen, aus denen Sie diese entnehmen können, ohne ein komplettes Horoskop zu erstellen!

Willkommen in der Krebs-Welt

Was haben Ernest Hemingway und Louis Armstrong gemeinsam, was verbindet Hermann Hesse, Marcel Proust, Jean-Jacques Rousseau, George Sand, Pamela Anderson, Tom Cruise, Tom Hanks und Franz Kafka? Sie sind bzw. waren *Krebs!* Damit ist zunächst gemeint, daß ihr Geburtstag jeweils in die Zeit des Krebses (22.6.-22.7.) fällt. Dabei ist die Spannbreite dessen, was ein Krebs sein kann, natürlich so groß wie bei jedem Tierkreiszeichen. Harte Schale und weicher Kern; friedlicher Gefühlsmensch und aggressiver Kampfpanzer; Egozentrik und Selbstvergessenheit, Launenhaftigkeit und roboterhafter Starrsinn – das mögliche Spektrum ist groß und streift nur einen kleinen Ausschnitt dessen, was *Krebse* sein können.

Sommersonnenwende

Wenn das Tierkreiszeichen Krebs am 22.6 beginnt, ist dies die Zeit der Sommersonnenwende. Die Sonne steht dann – in unseren Breiten – am höchsten; die Tage sind am hellsten, und die Nacht wird kaum richtig dunkel. In diesem Licht offenbaren sich die tiefen Instinkte, die seelischen Uralt-Regungen dieses Zeichens. Der Krebs als Tier stellt ein sehr altes Geschöpf der Evolutionsgeschichte dar, und dieser Sachverhalt bestimmt auch seine symbolische Bedeutung.

Wenn die Sonne am höchsten steht, erreicht der astrologische Jahreskreis seine *tiefste* Stelle. Das starke Licht des Sommers wirft besonders weite Schatten. Und: bis in die verborgensten Geschosse des Daseins fällt das Licht.

Quelle und Jungbrunnen

Das Tierkreiszeichen Krebs ist ein Wasserzeichen. Hier geht es um Gefühle und Bedürfnisse, um Wünsche und Ängste. Es muß fließen! Auf den »Flow« kommt es an!

Vielfach wird dieses Tierkreiszeichen auch als das stärkste der Wasserzeichen verstanden. Auf jeden Fall weist es sich durch starke Gefühle, reiche Phantasien und eine entwickelte Vorstellungskraft aus. Dieses Tierkreiszeichen ist ausdauernd in seinen Emotionen, auch wenn diese selbst häufig schwanken.

An der tiefsten Stelle des Jahreskreises angesiedelt, stellt der Krebs auch die Verbindung, die Schaltstelle zur persönlichen Vor- und Urgeschichte dar. Hier ist der Punkt der sogenannten Mutter-Bindung und des »Karma«.

In seiner Bedeutung für uns alle gleicht das Tierkreiszeichen Krebs einem Jungbrunnen, einem Urlaub an der Sommerfrische, weil es ihm gelingt, immer wieder zu den eigenen Wurzeln zurückzukehren und aus dem Vollen zu schöpfen. Zugleich hängen diesem Zeichen aber auch ererbte Gewohnheiten, unverdaute Reste der Familiengeschichte besonders langwierig an, so dass die Entsorgung, Entschlackung und Entrümpelung (in gefühlsmäßigen wie in äußeren, sachlichen Angelegenheiten) zu einer vordringlichen Aufgabe wird.

Gefühl & Härte

Das Tierkreiszeichen Krebs gilt als empfindsam, vorsichtig und scheu. Es fürchtet Ablehnung, leistet jedoch passiven Widerstand bis zur Perfektion.

Es entwickelt seine Fähigkeiten gern in der Abgeschlossenheit und möchte erst mit Fertigem in die Öffentlichkeit treten. Es besitzt ausgeprägte Beschützer- und Abwehrinstinkte, bietet und braucht *Sicherheit* in seiner Umgebung.

Der Krebs zieht sich gern in sein reiches Innenleben zurück. Er braucht Zeit, um Erlebnisse sinken zu lassen. Dadurch bewahrt er ein gutes Erinnerungsvermögen, ein besonderes Gedächtnis für Gefühle und Stimmungen. So bringt er einerseits gute Voraussetzungen zum Alleinsein mit und gewinnt nicht selten Sicherheit und Wohlbefinden daraus, auf sich gestellt zu sein. Andererseits braucht kein anderes Zeichen so sehr Familie, Heim oder Heimat (in einem ganz persönlichen Sinne) wie eben das Zeichen Krebs.

Leben im Widerspruch: Mit Riesenkräften – und schwach wie ein Kind; wechselhaft, auch intolerant, launisch, ängstlich, einmal liebenswürdig und aufgeschlossen, dann wieder phlegmatisch und introvertiert; man braucht Aufgaben. Dabei hingebungsvoll und hilfsbereit; diplomatisch und erfolgreich in der Erreichung eingesehener Ziele; wenn verletzt, auch sehr unsinnig, unfähig zur Zusammenarbeit, kindisch, störrisch. Man braucht Selbstironie, Ja und Nein sagen bzw. ein bewusstes Jein, Kultivierung des eigenen Stils.

Notwendige Selbsterfahrung

Jeder Mensch braucht eine gewisse Selbsterfahrung. Dies ist im Deutschen ein Wort mit einer mehrfachen Bedeutung: Man muss die Dinge des Lebens selber erfahren, dabei sich selbst erfahren und überhaupt selber fahren (und nicht nur als Beifahrer dabei sein). Ohne diese eigenen Erfahrungen fehlt etwas im Leben, das durch nichts anderes, auch nicht durch noch so großen Aufwand, ersetzt werden kann.

Natürlich kommt es im weiteren darauf an, Erfahrungen auch zu verarbeiten. Oft beobachtet man bei Krebsen ein schier unstillbares Bedürfnis nach stets neuen Informationen. Doch auch noch so viele Informationen führen nicht dazu, daß wir lernen, unseren Gefühlen zu trauen. Und genau darum geht es. Wem man wie weit trauen kann, ist ganz wesentlich eine Sache der Erfahrung!

Im Zeichen des Eigensinns

Krebse sind meist recht charmant und erreichen mit Diplomatie und Charme auch oft ihr Ziel. Nur wenn sie sich verletzt fühlen, können sie sich völlig unsinnig verhalten. Krebse sind dann unfähig, auf Andere zuzugehen, geschweige denn mit Anderen zusammenzuarbeiten. Die negativen Formen des Eigensinns gehören zu den Gefahren dieses Tierkreiszeichens.

Aber auch die schönen Seiten des Eigensinns stehen hier zur Debatte. Hermann Hesse, seines Zeichens Krebs, erklärte dazu in seinem Aufsatz mit dem Titel »Eigensinn«: »Eine Tugend gibt es, die liebe ich sehr, eine einzige. Sie heißt

Eigensinn. (...) Alle anderen so sehr beliebten und belobten Tugenden sind gehorsam gegen Gesetze, welche von Menschen gegeben sind. Einzig der Eigensinn ist es, der nach diesen Gesetzen nicht fragt. Wer eigensinnig ist, gehorcht einem anderen Gesetz, einem einzigen, unbedingt heiligen, dem Gesetz in sich selbst, dem ›Sinn‹ des »Eigenen«.

Zu diesem wohlverstandenen Eigensinn müssen wir als Krebse hinfinden. Wenn Sie das Gefühl haben, im Leben zu kurz zu kommen, wenden sie sich an dieses Seelenwesen, den Krebs in sich selber oder an Krebse in ihrem Bekanntenkreis. Dieser Eigensinn vermittelt ein Stück Befriedigung, das durch nichts anderes zu ersetzen ist. Viele Suchterkrankungen handeln von dieser Suche nach dem Eigenen, dabei kann die Sucht nur gestoppt werden, wenn die Suche erfolgreich ist, und wenn man die eigene Mitte, den eigenen Weg in das eigene Zentrum findet.

Krebs-Frau und Krebs-Mann

Traditionell gilt der Krebs als ein sehr *weibliches* Zeichen, weil der Mond, die Gefühle und die Mutterbindung betont sind. Doch auch Jupiter und Neptun wirken besonders stark; sie sind erhöht. Jupiter ist immerhin ein traditioneller Königsplanet.

Ein weibliches Zeichen ...

Viele traditionelle Unterscheidungsmerkmale zwischen den Geschlechtern sind heutzutage allerdings hinfällig geworden. Die Fähigkeiten, einen Haushalt zu führen oder beispielsweise Gefühle zuzulassen und auszudrücken, sind heute nicht zwangsläufig mit der männlichen oder weiblichen Geschlechterrolle verbunden.

Auch die Suche nach Selbsterfahrung und Eigen-Sinn, wie sie typisch für den Krebs sein kann, lässt sich nicht eindeutig Männern oder Frauen zuordnen. Der Krebs verkörpert einfach ein *weibliches Erbe,* dessen Früchte – mit allen Stärken und Schwächen – heute beiden Geschlechtern zur Verfügung stehen.

... *für Frauen wie für Männer*

Wenn wir dem Reichtum unseres Gefühlslebens begegnen, glauben wir oft, wir hätten »zu viel« Gefühl oder zu verschlungene, zu wechselhafte Seelenklänge, die eine gute Beziehung zu sich selbst oder zu Anderen erschweren. Doch im allgemeinen trifft das nicht zu, im Gegenteil. Erst reich fließende Gefühle machen die natürlichen Grenzen des Einfühlungsvermögens deutlich und schaffen damit sinnvolle emotionale Verbindungen und Abgrenzungen.

Verteidigen und vermehren Sie Ihre Selbstständigkeit und Ihre Kreativität in allen Fragen der persönlichen Betroffenheit. Verharren Sie nicht in Selbstbespiegelung. Für Frauen wie für Männer ist es wichtig, die eigene Persönlichkeit so weiterzuentwickeln, daß tatsächlich »zwei Seelen« in der eigenen Brust Platz haben: Die Liebe zu sich und zu der, dem oder den Anderen.

Mond und Sonne illustrieren im folgenden zusätzlich die überlieferten weiblichen und männlichen Charakteristika des Krebses.

Mond in Krebs

Eine gefühlvolle Konstellation, in der es uns am besten geht, wenn wir aus unserem Herzen keine Mördergrube machen. Gefühle wollen und sollen gelebt und ausgedrückt werden. Angenehme und unangenehme Gefühle sollen getrennt, sinnvolle von sinnlosen Anwandlungen unterschieden werden. Es gibt wichtige Wünsche und unwichtige Wünsche, berechtigte Ängste und unberechtigte Befürchtungen, und all dieses zu benennen und zu erkennen, ist nun Trumpf.

Im negativen Falle wird Nabelschau betrieben, wird man zum Gefangenen eigener und/oder fremder Gefühle, weil man sich nicht traut, auch in Gefühlsdingen die notwendigen Unterscheidungen zu machen. Im positiven Falle gelingt dies aber, und wir werden frei, immer wieder neu zu wählen, zwischen Sympathie und Antipathie zu entscheiden, reiche Gefühle mit persönlicher Unabhängigkeit zu verbinden. Es entsteht dann eine neue Gemeinsamkeit von Liebe und Freiheit.

Gesundheit: Brust, Bauch und Magen sind jetzt besonders betroffen. Positive wie negative Einflüsse machen sich stärker als sonst bemerkbar. Der Körper verarbeitet und/oder verlangt Kohlehydrate (Brennwerte, Zucker, »Grünfutter«). Die Seele, der Fluss der Gefühle entscheidet jedoch über Ihr Wohlbefinden. Pflegen Sie sie!

Natur: Die einfache, vegetative Natur ist Ihnen sehr nahe. Sie brauchen es einfach, im Garten zu arbeiten oder am Wasser zu ruhen. Schlimm ist es, vor sich hin zu vegetieren. Aber schön ist es, ein vegetatives Leben zu führen, ein Leben im Einklang mit dem eigenen Bio- und Körperrhythmus.

Finanzen: Ihre Vertrautheit im Umgang mit inneren Bedürfnissen, Gefühlen und Motiven gibt Ihnen auch eine geschickte Hand im Umgang mit Geschäftspartnern, Mitarbeitern und Kollegen. Eine optimale Voraussetzung für *gute Geschäfte,* das heißt, für Geschäfte, die allen Beteiligten wirklichen Nutzen bringen.

Familie: Im allgemeinen eine gute bis sehr gute Konstellation für das Familienleben. Machen Sie Ihre eigene Erfahrung, ermuntern Sie die anderen Familienmitglieder, eigene Erfahrungen zu machen, und Sie werden ein anregendes Familienleben haben. Geschwister sind prägend.

Liebe: In diesem Mondzeichen besitzen Sie und/oder brauchen Sie das »Kribbeln im Bauch«! Finden Sie wieder zu dem Menschen, der sich hinter bestimmten Rollen und Masken verbirgt. Sprechen Sie von Herz zu Herz.

Abenteuer: Zu den eigenen Wurzeln finden, meditieren und träumen ist ein großes Abenteuer. Zugleich reizen exotische, fremdartige Ziele und Objekte.

Zuhause: Im Zeichen der Reinigung: Chance und Aufgabe, Wäsche zu waschen und Konflikte zu bereinigen. Auch eine geeignete Zeit für alles, was mit dem Auto zusammenhängt.

Sonne in Krebs

Im negativen Falle kommt es hier zu Blindheit und Verschlossenheit in Folge von uralten, wenig entwickelten Gefühlen, die man zwar nicht missen möchte, dennoch nicht erziehen und erwachsen werden lassen kann.

Im Idealfall jedoch gelingt in diesem Zeichen die Verbindung von Sonne und Mond, die Aufhebung unbewusster oder schwer zugänglicher Gefühle. Notwendige Ängste können dann respektiert und sinnlose Ängste abgebaut werden, wichtige Wünsche erfüllt und unwichtige Wünsche abgeschrieben werden. Ein großes Glück wird Wirklichkeit.

Gesundheit: Brust und Brüste, Bauch und Magen werden dem Tierkreiszeichen Krebs besonders zugeordnet. Die bereits angesprochenen seelischen Klärungen erscheinen als wichtigste Gesundheitsvorsorge in diesem Monat. Die Klärung von Wünschen und Ängsten führt zu einem *blühenden Seelenleben.* Darin liegt übrigens auch der psychologische Nutzen des Urlaubs. Es sind viel weniger die äußeren Faktoren des Urlaubs, die über Erholung und neue Energiereserven entscheiden.

Natur: Die Zeit der Erdbeeren ist eine Zeit der Sinnlichkeit und der Muße, der Liebe und der geschlechtlichen Reife. Sie sollten zu jeder Jahreszeit ein paar Erdbeeren vorrätig haben.

Finanzen: Entscheidend sind innere Ruhe und Kontakt zu Ihren Wurzeln. Sie erzielen die entscheidende Motivation und Grundlegung für Ihre beruflichen Ziele und finanziellen Aufgaben.

Familie: Klärung von Gefühlen, abschalten und eintauchen in tiefe Gefühle.

Liebe: Der christliche Grundsatz »Liebe Deinen Nächsten wie Dich selbst« ist oft belächelt, oft missverstanden und manchmal auch für merkwürdige Zwecke missbraucht worden. Aber für sich genommen drückt dieser Satz eine riesige Aufgabe, eine enorme psychische und persönliche Leistung aus: Sich selbst und andere in gleicher Intensität lieben, ohne Kalkül und ohne Erwartung von Gegenleistung die jeweilige Person um ihrer selbst willen lieben.

Abenteuer: Lieben und immer wieder die Liebe als lebendiges, belebendes Gefühl spüren, ist als Abenteuer jetzt zum Greifen nahe.

Zuhause: Heimat ist nicht nur ein Ort, sondern auch ein Gefühl, eine seelische Qualität. Zuhause und Heimat entstehen da, wo die eigene Natur am meisten Blüten und Früchte trägt. Wohnung und Arbeitsstelle danach untersuchen, ob man sich hier tatsächlich optimal entfalten kann, ist jetzt besonders wichtig.

Typisch Krebs!

Jahreszeitliches: Sommeranfang. Zeit der Befruchtung. Aus 2 wird 1 und aus 1 wird 2. Sommersonnenwende (21./22.6.). Johannisfeuer als Freudenfeuer und zur Vertreibung böser Geister; auch verbunden mit verschiedenen Wasserritualen (Reinigung, Einweihung, Erinnerung des Ursprungs, Lossprechung) zum Johannistag (24.6.), z.B. das Gautschen bei den »Jüngern der Schwarzen Kunst« (=Buchdrucker) sowie mit Taufen, unabhängig von deren Datum.

Astrologisches: Im Sternzeichen Krebs regiert der Mond, und Jupiter und Neptun sind hier erhöht. Zum Krebs gehört das 4. Haus, d.h. der Bereich des materiellen und seelischen Zuhauses: Haus, Heimat, »Milieu«, Bildungsstufe; inneres Zuhause, eigene Natur, Bezugspunkt. An der Spitze des 4. Hauses liegt der IC (Imum coeli – Himmelstiefe), der tiefste Punkt oder »Keller« des Horoskops, die persönlichen Wurzeln, das persönliche Unbewusste (im Unterschied zum kollektiven Unbewussten), die individuelle Herkunft.

Entsprechungen:
Indianerhoroskop: Specht (»Flicker«)
Symbole: Mond; Brunnen; am Meer (Tierkreiszeichen Fische: im Meer); Schale; Schnecke.
Definition: Ich fühle.
Körperteile: Brust, Magen; Lymphsystem.

Lebensregeln für den Krebs

Krebse sind Meister der emotionalen Liebe. In gewisser Weise endet für die Krebse eine Liebe, die einmal begonnen hat, nie. Der familiäre Instinkt ist hier sehr stark ausgeprägt, insbesondere auch der Mutter-Kind-Aspekt (gilt auch für *Väter,* soweit sie unmittelbaren Anteil an der frühkindlichen Pflege und Versorgung haben). Man hat auch den Krebs mit einer Mutter verglichen, die ihre Söhne selbst dann noch liebt, wenn sie von ihnen schlecht behandelt wird.

Wie auch immer: Familientraditionen und Freundesbande bedeuten den Krebsmenschen sehr viel. Sie lieben die Heimat und die Natur, was sich im Patriotismus wie auch im Einsatz für Naturschutz zeigen kann. Krebse beherrschen die Kunst des passiven Widerstandes in großer Perfektion. Mit Druck und Drohungen erreicht man in der Regel bei Krebsen wenig, mit Freundlichkeit, Motivation und Zuwendung dafür um so mehr. Eine verfeinerte Atmosphäre beflügelt den Krebs.

Krebs: Körper, Geist und Seele

Erklärung des Symbols ♋: Die beiden Halbkreise – die Scheren des Krebses symbolisierend – fließen ineinander. Das Göttliche ist in den Wellenbewegungen des Gemüts eingefangen. Es gibt ein »Oben« und »Unten«. Beide Pole treten wie aus einem Urgrund, in den sie getaucht scheinen, heraus und bewegen sich von innen nach außen, wühlen das intellektuell Übernommene (der Zwillinge) um und weisen einen Weg zur Tiefe.

Beide Kraftströme – aus dem Reich der »Mütter« stammend – ergänzen einander und befruchten sich, so daß Keime eines neuen, verinnerlichten Lebens entstehen ...

Es ist noch ein weiter Weg, bis die Tropfen, die dieser Quelle entspringen, in den weiten, unermesslichen Ozean der Erfüllung (Fische, Neptun) münden können. Aber jeder Schritt des Krebses, der scheinbar rückwärts weist, ist ein großer Schritt vorwärts auf diesem Pfade zur Freiheit.

Herrschender Planet: Mond. Korrespondenz-Haus: IV.

Exil für Saturn.

Erhöhung für Jupiter und Neptun.
Fall für Mars.
Jahreszeit: Sommeranfang. Stand der Sonne im Krebs vom 22. Juni bis 22. Juli.
Naturerscheinung: Ebbe und Flut, Überschwemmungen, Wolken, Mondschein. Der Schatten. Die Nacht. Die Fruchtbarkeit. Wetter: Veränderlich, wolkig, regnerisch, feucht, nasskalt.
Urqualität: Feucht und kalt. Mitwirkung von trocken.
Geschlecht: Weiblich. – Einkörperlich.
Element: Wasser (negativ, passiv, magnetisch).
Dynamisch: Kardinalzeichen.
Temperament: Melancholisch (mit materieller Auswirkung).
Kraft: Gemütskraft, Erinnerungskraft, Einfühlungskraft, Einbildungskraft, Gedächtniskraft, besonders Form- und Bildgedächtnis. Die psychische Kraft. Wachstumskraft, Fruchtbarkeit.
Urbilder: Das Urgefühl. Der Beseelungsprozess. Die Weichheit. Das Gemüt. Das Volkstum. Die Befruchtung. Die Empfängnis. Das Mütterliche. Seelische Empfindsamkeit durch innigen Kontakt mit der Natur.
Typus:
POSITIV Der Gemütsmensch. Der Humorist. Der Träumer und Romantiker. Der Naturschwärmer. Der Wanderbursche.

NEGATIV Der sentimentale Mensch. Der Heimatlose. Der Dutzendmensch.

Entsprechungen:

Sinn: Der Gemütssinn. Die Einfühlungsgabe. Familiensinn.

Gestalt: Vollfleischige, mittelgroße, behäbige Gestalt. Lockeres, aufgedunsenes Körpergewebe, dunkles Haar. Gang: Gemütlich, behäbig.

Gesicht: Vollmond-Gesicht. Weiche Gesichtszüge. Bleiche Hautfarbe. Seelenvoller, schwärmerischer, aber zumeist unsicherer, melancholischer Blick. Augen grau, oft grün. Breite Nase. Sattelnase. Rundes Kinn.

Geruch: Wasser- und Erdgeruch.

Geschmack: Wässrig, salzig, wechselvoll, anpassungsfähig.

Physiologisch: Brust, Magen, Magensäure, Speiseröhre, Säfte und deren Zirkulation, Drüsen. – Die Ernährung. Milchdrüsen, Tränendrüsen, Lymphgefäße, Hirnsubstanz.

Konstitution: Schwach.

Krankheitsneigung: Schwankende Konstitution, von der Natur (Wetter) sehr abhängiger Körper, Gemütsleiden. Disposition zu Magenkatarrh, Brust- und Magenkrebs, Wassersucht, Bleichsucht, Verdauungsstörungen, Menstruationsstörungen, periodisch auftretende Leiden. Erkrankungen des Lymphsystems.

Personen: Die Mutter, überhaupt alle Frauen

und das Volk. Gemütstiefe Naturen, die sich gut in andere Schicksale einfühlen können und auch zu helfen bereit sind. Der Familienkreis. Die Vorfahren, Ahnen, Träumer, Romantiker, Landstreicher, Hippies.

Berufe: Alle von Frauen ausgeübte: Hebamme, Amme, Kindermädchen, Hausangestellte, Hausfrauen, Krankenschwester, Nonne usw.. Ferner alles, was mit der Herstellung und dem Vertrieb von Flüssigkeiten in Verbindung steht: Fabrikanten, Bierbrauer, Gastwirte, Kellner, Besitzer einer Tankstelle, Milchverkäufer, Reisende, Seefahrer, Schiffer, Fischer, Förster. Alle in Beziehung zum Volk: Volksmusikanten, Schauspieler, Verwandlungskünstler, Politiker, Angestellte von Hotels, alle Obst- und Lebensmittelverkäufer, Jahrmarktsverkäufer, Köche, Bäcker, Landwirte, Gärtner, Geologen. Alle untergeordneten Positionen, Gelegenheitsarbeiter.

Kunst: Darstellungs- und Verwandlungskunst, Musik, besonders Volksmusik (Volkslied usw.), Kochkunst.

Wissenschaft: Botanik, Geschichte, insbesondere Familiengeschichte, Rassen- und Erbforschung. Geologie. Ernährungslehre.

Tiere: Hauskatze, Ziege, Kuh, Schwein, Gans, Ente, Henne, Kaninchen, Hase, Krebs, Frosch, Muschel, Fisch, alle Wasservögel, Käfer, Wespen, Bienen, Mücken.

Pflanzen: Gänseblümchen, Wasserpflanzen, z.B. Schilf; Kartoffeln, Bohnen, Gurken, Kürbisse, Melonen.
Edelsteine: Kristall, Beryll, Mondstein, Perlen, alle weißen, milchigen und grünen Steine.
Metalle: Silber.
Farbe: Weiß, bleich, silber, silbergrau, wassergrün.
Gegenstände: Wohnungseinrichtung, besonders Küche und Schlafzimmer, Badewanne, Nahrungsmittel, vor allem Kuchen, Zucker, stärkehaltige Flüssigkeiten. Schiffe.
Orte: Das eigene Heim, das Elternhaus, Geburtsort, Anlagen, Gärten, speziell Gemüsegärten, Orte, die am Wasser liegen, Hafen, Badeanstalten, Restaurants, Speisehäuser, Hotels, Herbergen, Molkereien.
Länder: Holland, Schottland, Nord- und Westafrika, Neuseeland.
Wochentag: Montag.
Städte: Trier, Lübeck, Magdeburg, Görlitz. Amsterdam, Bern, Genua, Mailand, Venedig, Stockholm, Konstantinopel, New York.
Wesen: Weiblich, negativ, passiv, magnetisch, reflektierend, reproduktiv, sammelnd, traditionell, altmodisch. Gefühlvoll, beseelend, innerlich, empfänglich, fruchtbar, befruchtend, mütterlich, bemutternd, sensibel, sensitiv, verfeinernd, auflockernd, phantasievoll, ahnungsvoll, romantisch, nächtlich, empfindsam, beeinfluss -

bar, verträumt, sehnsüchtig, anlehnungsbedürftig. Vielseitig, mannigfaltig, fließend, unbeständig, wechselvoll, veränderlich, schwankend, wandelbar, launisch, von Stimmungen abhängig, empfindlich, sentimental, tränenreich, kindisch, naiv, wahllos.

Wirkung auf den Charakter:

POSITIV Mütterlich, empfänglich, aufnahmefähig, vielseitig, anhänglich, anschmiegsam, sich anschmeichelnd, anlehnungsbedürftig, anpassungsfähig, gefällig, liebenswürdig, beliebt, bescheiden, natürlich, einfach, anmutig, häuslich, familiär, gutmütig, humorvoll, tolerant, fürsorglich, milde, sanft, zärtlich, weich, verträumt, sensibel, medial, ahnungsvoll, romantisch, schwärmerisch. Reiches Empfindungsleben. Psychische Fähigkeiten. Das Alltägliche, Gewöhnliche.

NEGATIV Veränderlich, unstet, flüchtig, ruhelos, launisch, wechselvoll, wetterwendisch, wandelbar, schwankend, wankelmütig, von Stimmungen abhängig, empfindlich, sentimental, rührselig, selbstbemitleidend, energielos, charakterschwach, unordentlich, unbestimmt, unfertig, unselbständig, oberflächlich, kindisch, naiv, albern, eingebildet, falsch, neugierig, reizbar, nervös, ängstlich, furchtsam, missgestimmt, missmutig, mürrisch, leicht verletzt, gekränkt, beleidigt, verzagt, melancholisch, nachtwandlerisch, haltlos.

Das persönliche Auftreten:
POSITIV Zurückhaltend, still, gemütlich, behäbig, romantisch, verträumt, schwärmerisch, humoristisch.
NEGATIV Unbestimmt, schüchtern, wechselvoll, ängstlich, katzenfreundlich.
Denken:
POSITIV Gefühlsbetont, romantisch, phantasievoll, fruchtbar, aufnahmefähig, vielseitig, rasch erfassend, plastisch.
NEGATIV Phantastisch, unselbständig, oberflächlich, flüchtig, lückenhaft, ungeordnet, verschwommen, sentimental, kindisch, naiv, beschränkt, veränderlich, rastlos, wetterwendisch.
Reden:
POSITIV Gemütvoll, humoristisch, leise, gedämpft, langsam, Mutterwitz.
NEGATIV Unbestimmt, unstet, reizbar, albern, schmeichlerisch, sentimental.
Stimme:
POSITIV Romantisch, weich, mild, gefühlvoll, seelenvoll, mütterlich. Mitleid und Hilfsbereitschaft ausstrahlend.
NEGATIV Rührselig, weinerlich, sentimental, hysterisch.
Redewendungen: »Das ist gut, gemütlich, traulich, mutet so heimatlich an.«
Fühlen:
POSITIV Romantisch, sehnsüchtig, zärtlich, an-

lehnungsbedürftig, einfühlend, feinfühlig, mitfühlend, gemütvoll, gemütlich, gutmütig, rein empfindend. Magnetische Anziehungskraft.
NEGATIV Empfindlich, überempfindlich, launenhaft, sentimental, sinnlich, unmoralisch, ungeordnet, wahllos, widerstandslos, sich verschenkend, Gefühl des Unverstandenseins.

Wollen:

POSITIV Auf Familie, Häuslichkeit, Heimat, Vaterland gerichtet. Alles bemuttern, beseelen, Andere bemitleiden, aber auch helfen wollen. Die Welt durch die Brille des Gemüts sehen. Behaglichkeit über alles liebend. Schutz und Geborgenheit suchend. Allen Konflikten um des lieben Friedens, um der Ruhe willen aus dem Wege gehend. Immer in der Erinnerung lebend. Die Gefühle um alles schweifen lassen, was der Vergangenheit angehört. Zum Ursprung zurück wollen, zum Urgrund, zur Tiefe, zu den »Müttern«.
NEGATIV Durch die Wälder schweifen, durch die Städte, Länder und Erdteile jagen, um nur nicht zur Besinnung, zum Nachdenken, zum eigentlichen Handeln zu kommen. Passivität aus Mangel an Energie und Tatkraft. Konflikte durch extreme Nachgiebigkeit und übermäßige Gutmütigkeit. Ganz von Stimmungen abhängig. Launen beherrschen die Innenwelt. So wie ein Apriltag bald Regen, bald Sonnenschein bringt,

so ist dieser Typus, der mit allem, auch mit sich selbst unzufrieden ist und nur vom Gedanken lebt, dass alles nur von kurzer Dauer, also vergänglich ist. Hängen am Althergebrachten. Sich verkapseln wollen. Sehr reizbar, rasch beleidigt und im Gefühlskörper alles Erlebte nachtragend.

Handeln:

POSITIV Gefühlsmäßig, fürsorglich, gutmütig, gefällig, hilfsbereit, mitleidig, barmherzig.

NEGATIV Unselbständig, unzuverlässig, beeinflussbar, wankelmütig, von Stimmungen abhängig, bequem, passiv, energielos, widerstandslos, träge, untätig, faul, schlampig, schüchtern, Typ: Wetterfahne.

Wirkung auf das Schicksal: Wandlungen und Veränderungen, Schicksale durch Heim, Häuslichkeit, Familie, Herkunft, Erbmasse, Rasse, Heimat, Scholle, Vaterland, Volk, Öffentlichkeit. Anfang und Ende des Nativen. Verhältnisse im Elternhaus. Die Jugend. Der Lebensabend. Der Wandertrieb. Alles Periodische. Die Volkstümlichkeit.

Ideell:

POSITIV Tiefgehende Neigungen. Starke seelische Eindrücke. Romantische Erlebnisse. Einflüsse auf das Gemütsleben. In der Erinnerung lebend.

NEGATIV Komplexe des Wunsch- und Sinnenlebens. Psychische Spannungen, nervöse Zustände, Depressionen, Schicksale durch Einbildungen, Phantasie, Vorstellung, mangelhaftes Gedächtnis. Am Vergangenen haftend. Hängen am Althergebrachten, an der Tradition festhaltend.

Materiell:

POSITIV Günstige Heim-Verhältnisse. Guter Orts- und Wohnungswechsel. Harmonische Beziehungen zum Elternhaus und zur Familie. Glückliche Jugend und angenehmer Lebensabend.

NEGATIV Kritische Einflüsse für die Häuslichkeit. Unangenehmer Orts- und Wohnungswechsel. Unerfreuliche Beziehungen zum Elternhaus und zur Familie. Unglückliche Jugend und unruhiger Lebensabend.

Krebs für Fortgeschrittene

Krebstypen haben ein kompliziertes Innenleben. So *scheint* es jedenfalls, und so werden denn die Krebse von sich selbst wie auch von ihren Mitmenschen entsprechend häufig als launisch oder kompliziert wahrgenommen. Doch dieser erste Eindruck täuscht nur zu leicht. Es ist die Zeit der Sommersonnenwende, die Zeit der hellsten Nächte. Selbst tiefe Daseinsbereiche werden ausgeleuchtet. Es ist, als ob der Blick in einen tiefen Brunnen besonders gut gelingt.

Grammatik der Gefühle

Gefühle und persönliche, seelische Bedürfnisse werden hier so deutlich wie sonst nie. Aber wer sagt, dass dies automatisch ein »kompliziertes Innenleben« bedeutet? Ist es nicht vielmehr ein Resultat unserer Gewohnheiten, dass Gefühle immer noch als launisch oder kompliziert wahrgeommen werden?

Wenn wir eine Fremdsprache erlernen, erwarten wir nicht, dass wir in wenigen Tagen oder Wochen diese bereits beherrschen. Selbstverständlich verbringen wir in der Schule oder danach Jahre damit, um die Vokabeln und Grammatik der fremden Sprache zu erwerben. Vielleicht verhält es sich mit den Gefühlen und der Seelensprache genauso. Auch hier darf man nicht erwarten, »von Natur aus« bereits alles mitzubringen, was nötig ist, um diese Sprache zu kennen. Auch hier brauchen wir Erfahrungen. Wenn man sich aber darauf einlässt, auch die Sprache der Seele, die »Grammatik der Gefühle« zu studieren und auszuprobieren, dann stellt sich heraus, daß dies keineswegs komplizierter ist als andere Lebensbereiche. Im Gegenteil!

Der springende Punkt besteht zunächst darin, Gefühle zu *benennen*.

Das Kind beim Namen nennen

Man muss dem Kind einen Namen geben! In katholischen Gegenden existiert noch heute oftmals der Brauch des *Namenstages*. Damit wird einerseits der Name eines gewissen Schutzpatrones gefeiert. Gleichzeitig wird damit aber auch deutlich gemacht, daß der Name ein Symbol für eine Persönlichkeit sein kann.

Für den Bereich der Gefühle und den seelischen Haushalt ist es entscheidend, seelische Vorgänge genauso wahrnehmen und benennen, spüren und ausdrücken können, wie etwa die Geschehnisse außerhalb der eigenen Person, beispielsweise das Wetter.

Die zweite entscheidene Sache ist es, Gefühle zu *unterscheiden*. Wenn wir die Kraft besitzen, Gefühle zu benennen und anzuerkennen, dann wird im zweiten Schritt sofort wichtig, zu unterscheiden: Welche Gefühle führen weiter und welche nicht?! Welche Wünsche sind förderlich und welche führen in die Irre? Welche Ängste sind ernst zu nehmen und welche sind unerheblich?!

Um sich diesen Fragen zu widmen, braucht der Krebs vor allem Ruhe und Sicherheit. Der Krebs legt Wert auf einen sicheren materiellen Rahmen, um seine Ruhe und äußere Ausgeglichenheit zu bewahren, um sich mit vermehrter Kraft auf die inneren Vorgänge zu konzentrieren. Am Anfang leiden wir als Krebse zunächst unter einem Wechselbad der Gefühle. Aber je älter und erwachsener die Krebse werden, um so deutlicher verstehen sie die Hochs und Tiefs des seelischen Erlebens auf einen Nenner zu bringen und daraus die Konsequenzen zu ziehen: Aus eigener Erfahrung entstehen eigene Lebensregeln, die es erlauben, das Leben ganz im eigenen Sinne einzurichten und zu genießen.

Sonne, Mond und Aszendent

Der wichtigste Faktor eines Horoskops ist die *Sonne*. »Sonne in Krebs« bedeutet Geburtstag in der Zeit vom 22. Juni bis zum 22. Juli. Der zweite wichtige Faktor eines Horoskops ist die Stellung des *Mondes*. Ob nun der eigene Mond im Krebs oder in einem anderen Zeichen steht, kann man nicht am Geburtsdatum erkennen, sondern man braucht ein fertiges Horoskop oder eine Tabelle. Auf Seite 90 finden Sie ein kurzes Berechnungssystem, mit dem Sie Ihr persönliches Mondzeichen ganz einfach errechnen können.

Der dritte wichtige Faktor eines jeden Horoskops ist der *Aszendent*. Dies ist das aufsteigende Zeichen, der Beginn des ersten Hauses im Horoskop. Wenn man kein fertiges Horoskop hat, so lässt sich aus den Tabellen auf Seite 79 ff. entnehmen, welches Ihr persönlicher Aszendent ist.

Zum Überblick: Die Sonne verweilt jeweils 30 Tage lang in dem betreffenden Zeichen. Innerhalb eines Jahres »reist« die Sonne durch alle 12 Zeichen. Beim Mond sind es etwa 2 1/2 Tage, die er in einem Zeichen verweilt. Innerhalb eines Monats durchstreift er alle 12 Zeichen. Der Aszendent wechselt etwa alle 2 Stunden; innerhalb von 24 Stunden stellt jedes Zeichen einmal den Aszendenten.

Der Aszendent betrifft gleichsam die Stunde Null, den Geburtsmoment. Das Zeichen des Aszendenten gibt an, wie man zuerst und spontan in Erscheinung tritt; was man an der Welt als erstes schätzen oder fürchten lernt. Sehr oft ist übrigens die persönliche Partnerwahl vom Aszendenten bestimmt. Viele Menschen wählen – unbewusst – einen Partner aus, der seinen Geburtstag in eben dem Zeichen feiert, das dem eigenen Aszendenten entspricht. Lesetipp: Über die *Sonne in Krebs* informiert das gesamte vorliegende Buch, besonders Seite 23. Auf den *Mond in Krebs* bezieht sich ebenfalls alles, was in diesem Text notiert ist, besonders aber die Seiten 20–23. Wenn man genauer verstehen will, was der *Aszendent Krebs* im Einzelnen bedeutet, so hilft die Seite 47 weiter.

Im folgenden sollen uns die 12 Aszendenten interessieren, für Alle, die im Zeichen des Krebses Geburtstag feiern.

Der Krebs und die 12 Aszendenten

Aszendent Widder: Man übernimmt gerne die Führung und ergreift selber die Initiative. Dabei sind Sie jedoch nicht selten ungeduldig und gereizt. Man fühlt sich schnell in der eigenen Ehre verletzt. Auf andere macht man den Eindruck einer entschlossenen, optimistischen Kämpfernatur. Mit Aszendent Widder ziehen Sie die Aufmerksamkeit auf sich. Mitunter sind Sie sehr dominant. Man misst gerne die eigene Kraft mit Anderen, vor allem in direkter Konfrontation.

Mit diesem Aszendenten lieben Sie alles, was neu ist. »Neu ist gut.« Aber man will auch sofort Ergebnisse sehen. Sie sind lebenslustig. Sie verteidigen Ihre Sache bis zum Äußersten, ohne zu bemerken, dass sich ein harter Kampf entwickelt. Anfällig für Kopfschmerzen. Sie sind sehr freiheitsliebend und aktiv. Mitunter gibt es Schwierigkeiten in der Zusammenarbeit. Auch: Man lässt sich die eigene Stimmung nicht anmerken, sondern versucht sie durch einen Scherz zu überspielen. Dies kann Einsamkeit zur Folge haben, da Andere die eigenen Gefühle nicht ernst nehmen. Kennzeichen: Erst tun, dann denken.

Aszendent Stier: Ruhig und sehr überlegt. Sie haben eine Abneigung gegen Eile und Hast. Sie sind praktisch orientiert. Man handelt nicht, ohne sicher zu sein, dass das Handeln auch zu Resultaten führen wird. Dann jedoch ist man sehr durchsetzungsfähig. Sie sind geduldig und beharrlich. Aber auch eigensinnig, vor allem, wenn jemand versucht, Druck auszuüben. Mit Aszendent Stier machen Sie einen ruhigen, beherrschten Eindruck auf Andere, wie stark die inneren Emotionen auch sein mögen. Meist strahlen Sie Wärme und Freundlichkeit aus, so dass Andere sich wohl fühlen. Charmant und beliebt.

Mit diesem Aszendenten sucht man physischen Komfort und Sicherheit. Man versucht, die Dinge gelassen und entspannt auf sich zukommen zu lassen. Meditiert gerne. Doch auch: ackern bis zum Umfallen. »Die Ochsentour.« Mitunter jähzornig. Manchmal zu eigensinnig. Man ist ehrlich, zuverlässig, hält sich jedoch leicht selbst zum Narren. Man verträgt Kritik von Anderen nicht so leicht, nur von sehr bewunderten oder sehr intimen Freunden und Freundinnen. Stark entwickeltes Gefühl für das Schöne in Natur, Kunst und Handwerk. Sinnlich. Kennzeichen: Starke körperliche Konstitution.

Aszendent Zwillinge: Aktiv, ruhelos, kann sich nicht lange mit einer einzigen Sache beschäftigen oder an einem Ort in einer Haltung verweilen. Man versucht, in kurzer Zeit viel zu tun. Man redet gerne und sucht Abwechslung. Aszendent Zwillinge liebt delikate, feinsinnige, komplizierte Dinge und Menschen. Man ist schnell, vor allem im Bereich des Intellekts. Man setzt sich schnell in Bewegung und kommuniziert gerne mit Anderen. Man kann nur schwer schweigen und besitzt ein großes Bedürfnis nach geistiger Betätigung.

Mit diesem Aszendenten sehen Sie jung aus – und altern auch geistig nicht. Man findet gerne heraus, wie etwas funktioniert. Man liebt das Spiel und macht auf Andere einen geistreichen, charmanten Eindruck. Aber Achtung: Man tendiert auch leicht dazu, Alles nur halb zu tun. Starker Wissensdurst. Man will das Wie und Warum der Dinge ergründen. Dies kann zu einer starken Dominanz des Verstandes führen, wodurch ein gewisses Misstrauen den übrigen Dingen des Lebens und Menschen gegenüber entstehen kann. Mitunter erweckt man mit diesem Aszendenten den Eindruck, mehrere Persönlichkeiten gleichzeitig zu haben, die recht gegensätzlich wirken. Kennzeichen: Neugierig und erfinderisch.

Aszendent Krebs: Man fühlt sich mit Heim und Familie verbunden. Die eigenen Wurzeln sind stark und tief. Man verändert die eigene, direkte Umgebung nur ungern bziehungsweise langsam. Man ist freundlich, spricht jedoch mit Fremden nicht über die eigenen Gefühle. Man beschützt gerne Andere, sorgt aber auch für den eigenen Schutz. Man nimmt Rücksicht auf die Gefühle der anderen und erwartet eigentlich das Gleiche auch umgekehrt; man verträgt kein hartes Wort.

Mit diesem Aszendenten zieht man sich »ins Schneckenhaus« zurück, wenn das eigene Gefühl verletzt ist. Dabei erweckt man jedoch den Eindruck, gleichgültig zu sein. Kindheitserfahrungen wirken das ganze Leben lang nach. Man sucht – und findet – Integrität und Sicherheit. Man ist nicht so leicht für etwas zu gewinnen, jedoch wenn, dann setzt man sich ganz dafür ein. Man möchte die Dinge mit Anderen teilen. Dieser Aszendent gilt zugleich als innovativ und konservativ. Genau und sorgfältig. Man bemüht sich bei der Arbeit um Perfektion und übernimmt auf diese Weise nicht selten die Führung. Allerdings kennt man hier auch die Angst, sich eine Blöße zu geben, ist auf der einen Seite recht schüchtern, während man auf der anderen Seite gerne im Mittelpunkt stehen möchte. Starkes Bedürfnis nach Dankbarkeit. Empfänglich für

Atmosphäre und Stimmungen. Man glaubt oft, dass es Anderen besser geht. Kennzeichen: äußerlich nachgiebig, aber innerlich selbstbewusst und den eigenen Ansichten treu.

Aszendent Löwe: Man macht auf Andere einen liebenswerten, gefühlvollen, charmanten und sehr selbstbewussten Eindruck. Sie lieben das Spiel und wollen das eigene Image nach dem Bild formen, das Andere sich von Ihnen machen. Dieser Aszendent kann nur schwer Irrtümer oder Misserfolge zugeben. Man steht gerne im Mittelpunkt und will stark erscheinen. Dominant. Stolz. Man übernimmt gerne Führerrollen. Idealistisch, doch Andere müssen ihre Kraft und Integrität beweisen.

Mit diesem Aszendenten ist man loyal und edelmütig gegenüber Menschen, die vertrauenswürdig erscheinen. Man liebt äußeren Glanz und beeindruckt gerne Andere. Ruft Respekt und Sympathie hervor. Man ist sehr empfänglich für Schmeicheleien. Aber auch: autoritär. Empfindlich bei den Meinungen Anderer. Faul (»wer faul ist, ist auch schlau«). Man hat ein Herz für die Mitmenschen, vor allem für Menschen, die Beistand benötigen. Innere Konflikte werden hinter Unnahbarkeit und Stolz verborgen, da sie als Blamage angesehen werden. Möglicherweise große Furcht, falsch verstanden zu werden. Gefahr, sich selbst für den Mittelpunkt der Welt zu halten. Neigt dazu, Andere zu stark zu idealisieren. Kennzeichen: Lebendigkeit, Mut, Willensstärke.

Aszendent Jungfrau: Man ist oftmals überkritisch in Bezug auf das eigene Äußere. Man achtet dabei auf jedes Detail, um einen möglichst guten Eindruck zu machen, und legt großen Wert auf Sauberkeit und Hygiene. Dieser Aszendent wirkt scheu und glaubt erstaunlicherweise, nur von wenigen Menschen als attraktiv angesehen zu werden. Adrett. Ordnungsliebend. Perfektionist(in) mit der Neigung, auch Andere zur Perfektion zu zwingen. Kritisch sich selbst und Anderen gegenüber. Man muß lernen, beim Ansprechen der kleinen Fehler Anderer taktvoll zu sein. Mit diesem Aszendenten tut man etwas nur, wenn ein greifbares Ziel sichtbar ist; man macht eigentlich nichts »nur so«, aus Selbstzweck. Man liebt Schönes, alles Gelungene und Vollendete – und Menschen, die einen guten Geschmack haben. Dabei bleibt man jedoch meist reserviert und kühl. Man macht sich gerne nützlich, liebt die Arbeit. Wählerisch, auch im Essen und Trinken. Augen fürs Detail. Verliert manchmal die größeren Zusammenhänge aus dem Blick. Gefahren: Schwermut und Selbstmitleid. Angst vor eingebildeten Katastrophen und Krankheiten. Man macht sich einfach zu viele Sorgen. Abneigung gegen Überraschungen. Kennzeichen: zuvorkommend und dienstfertig.

Aszendent Waage: Man widmet dem persönlichen Umgang mit Menschen viel Aufmerksamkeit. Man muss und möchte lernen, wie dieser am besten zu gestalten ist. Natürlich benutzen Sie Ihren Charme, um Andere zu überzeugen und die eigenen Ziele zu erreichen. Auch: Man versucht Andere zu manipulieren, ohne dass sie es merken. Abneigung gegen Disharmonien zwischen Menschen. Man versucht, den Frieden aufrechtzuerhalten.

Mit diesem Aszendenten kleidet man sich gerne elegant. Man liebt die schönen Dinge und die schönen Künste. Kokett. Extravagant. Nicht selten Schwierigkeiten, mit beiden Füßen auf dem Boden zu stehen. Höflich, freundlich. Oft Richter und Vermittlerin. Man neigt dazu, Andere zu beurteilen. Man kann nur schwer Nein sagen und hat Probleme damit, wirklich man selbst zu sein. So wirkt man auf Andere unentschlossen oder gleichgültig. Man übernimmt gerne die Leitung und die strategische Planung, hat jedoch eine Abneigung gegen pedantische Arbeiten. Die Umsetzung leidet dadurch. Man tendiert dazu, Dinge hinauszuschieben und zu viel zu versprechen. Kennzeichen: Pionier des Geistes – und der Liebe.

Aszendent Skorpion: Ruhig und reserviert; dennoch bemerken Andere die tiefen Gefühle. Leidenschaftlich und sensibel. Man überwindet körperliche Ermüdung schnell. Wegen Kleinigkeiten kann man plötzlich wütend werden. Man macht auf Andere den Eindruck von Heimlichtuerei, ohne solche Absichten zu haben. Schwierigkeiten, sich Anderen verständlich zu machen. Ausgezeichnete Beobachtungsgabe. Man versteht es, den Charakter Anderer intuitiv richtig zu erfassen und zu beschreiben. Zieht nur Wenige ins Vertrauen. Meist freundlich. Strahlt auf Andere Kraft aus, vor allem durch die Augen. Beschäftigt sich gerne mit den Geheimnissen von Leben und Tod, ebenso wie mit Sexualität und Geld. Man erfasst die Möglichkeiten Anderer intuitiv. Starrsinnig bis zur Verbissenheit und Verkrampfung. Man kämpft hart gegen Angreifer.

Mit diesem Aszendenten hat man ein großes Bedürfnis, ernst genommen zu werden. Andere unterschätzen Ihre inneren Kräfte und Fähigkeiten im ersten Augenblick, revidieren ihre Meinung jedoch später. Man geht gerne Risiken ein, versäumt es jedoch nicht, sie vorher abzuschätzen. Man will das Leben mit dem ganzen Wesen erfahren. Sehr leicht verletzlich, dann oft auch sehr verletzend. Man reagiert auf Verletzungen mit Sarkasmus und Rachsucht. Kennzeichen: Meister/in in Extremsituationen.

Aszendent Schütze: Offen, extrovertiert, ehrlich. Neigung zur Indiskretion. Impulsiv, intuitiv. Man macht manchmal grobe Bemerkungen, ohne Andere verletzen zu wollen. Sehnsucht nach dem Wunderbaren: nach dem großen Erfolg und dem einfachen Leben. Abneigung gegen Tricks und Pflichterfüllung. Sehr energisch und freiheitsliebend. Idealistisch, folgt den eigenen Wünschen. Man wird unruhig, wenn man sich eine Weile still verhalten soll. Starkes Bedürfnis nach Bewegung. Muss das eigene Leben selbst gestalten können. Man lässt Andere in Frieden; Abneigung gegen Verantwortung für Andere. Man hält ihnen jedoch ihre Verpflichtungen vor. Dabei ist man sich der Verbundenheit aller Menschen stark bewusst.

Mit diesem Aszendenten hat man immer wieder große Schwierigkeiten, nüchtern zu bleiben, vor allem, wenn es um die eigenen Ideale geht. Verbreitet gerne Ideen. Unstillbarer Wissensdurst, enormer Erfahrungshunger: Suche nach Lebendigkeit. Abneigung gegen Einsamkeit, Absonderung sowie gegen Vorurteile. Starkes Bedürfnis nach Kommunikation und Geselligkeit. Man wirkt sehr entschlossen, tauscht jedoch das eine Ideal schnell gegen ein anderes ein, ohne es selbst zu merken. Kennzeichen: große Träume – große Aufgaben.

Aszendent Steinbock: Man nimmt die Verantwortung für sich und das eigene Handeln sehr schwer und sich selbst zugleich sehr ernst. Man macht in persönlichen Angelegenheiten einen reservierten und gleichzeitig ehrgeizigen Eindruck. Ständige Furcht davor, den falschen Eindruck zu erwecken. Man setzt sich ganz ein, wenn die anfängliche Reserve einmal überwunden ist. Hohe Maßstäbe. Man hat meist einen beruhigenden, stabilisierenden Einfluss auf Andere. In der Welt kann und will man etwas Wichtiges sein und ist bereit, dafür Entbehrungen auf sich zu nehmen.

Mit diesem Aszendenten hegt man Achtung für erfolgreiche Menschen und versucht, von ihnen zu lernen. Moralische Einstellung. Mitunter auch das krasse Gegenteil, höchste Skrupellosigkeit. Vielfach findet man das Leben und die Welt problematisch und schwer. Neigung zu Eifersucht und Bitterkeit. Man kann sich nur schwer entspannen und nur schwer spielen. Man arbeitet hart. Großes Bedürfnis nach Anerkennung, Vertrauen und Achtung. Angst, massiv behindert zu werden. Sinn für Förmlichkeiten, zugleich auch Rebellion gegen gewisse Tabus. Man lässt sich leicht von Äußerlichkeiten beeindrucken. Oder man ignoriert diese leichtfertig. Trotz allem guter Humor. Kennzeichen: viele Talente – neue Werte.

Aszendent Wassermann: Sehr interessiert an Neuem, aber will dieses auf eigene Faust entdecken. Nur schwer zu überzeugen. Man unternimmt nichts gerne auf herkömmliche Art. Interesse an gesellschaftlichen und wissenschaftlichen Problemen. Man wirkt auf Andere sehr unpersönlich. Großes Bedürfnis nach Freundschaft. Sie akzeptieren keine Hierarchien, wenn es um Menschen geht. Autorität wird nur akzeptiert, wenn man davon überzeugt ist, dass diese völlig gerechtfertigt ist. Ruhig und beherrscht.

Mit diesem Aszendenten betrachtet man Dinge immer zuerst vom geistigen Standpunkt aus. Mental, nicht emotional. Man hat daher Schwierigkeiten, mit emotionalen Menschen auszukommen und sie zu verstehen. Man kann Anderen nur schwer ihre Meinung lassen, wenn diese von den eigenen Vorstellungen von der Wahrheit abweichen. Einnehmend, human. Man sucht Einsicht in das Wesen des Menschen. Unkoventionell und exzentrisch. Mitunter selbstverliebt. Originelle, eigenwillige Ansichten. Spöttisch; stellt sich dumm und bringt dadurch Andere in Verlegenheit. Kennzeichen: Man folgt dem eigenen Stern!

Aszendent Fische: Sie sind sehr sensibel den Gefühlen Anderer gegenüber. Zugleich unterliegen Sie der Gefahr, diese Gefühle (auch die negativen) zu übernehmen. Träumerisch, idealistisch, glaubt an eine Wirklichkeit hinter den Dingen. Großes Einfühlungsvermögen im persönlichen Bereich. Man verliert sich schnell durch übertriebene Freigiebigkeit und Altruismus. Lässt sich leicht täuschen. Ist verbittert, wenn die Täuschung offenbar wird.

Mit diesem Aszendenten wirkt man wirklichkeitsfremd, verträumt. Aber möglicherweise ist man selber nicht ganz ehrlich zu sich und zu anderen. Man spielt eine Rolle, hält eine Illusion aufrecht, manchmal bewusst, oft auch unbewusst. Wie beim Aszendenten Waage kann auch hier nur schwer Nein gesagt werden, besonders wenn jemand um Hilfe bittet. Man neigt dazu, Menschen anzuziehen, die an einem ›kleben‹. Es macht Schwierigkeiten, für sich selbst einzutreten, und man ist eifersüchtig auf Menschen, die dies tun. Sehr nachgiebig. Hang zum Mystischen. Zu wenig Selbstdisziplin. Tief. Emsig und schüchtern. Bescheiden. Doch auch leidenschaftlich und künstlerisch. Kennzeichen: sehr menschlich und sehr liebevoll.

Der Krebs und die 12 Mondzeichen

Mond in Krebs & Sonne in Widder

Was allzu hart ist, splittert. Die glückliche Verbindung von Gefühl und Power, von Besinnlichkeit und heiterer Lebensfreude, von Zuneigung und Selbstbehauptung verwandelt Tag und Nacht in einen traumhaften Alltag.

Gesundheit: Brust und Bauch, Kopf und Gesicht sind hier besonders zu pflegen und zu beachten. Der Körper verarbeitet und verlangt mehr Kohlehydrate (Brennwerte, Stärke, Grünfutter, aber auch Zucker und Alkohol) als sonst. Bewusstsein und Ausgeglichenheit im Umgang mit Gefühlen und seelischen Bedürfnissen entscheiden hier über Ihr Wohlbefinden.

Natur: Die (eigene) Natur ist Quelle und Ziel!

Beruf: Vertrautheit mit inneren Bedürfnissen, Gefühlen und Motiven gibt Ihnen eine geschickte Hand im Umgang mit Geschäftspartnern, Mitarbeitern und Kollegen.

Familie: Ermutigen Sie jedes Familienmitglied in seiner Selbständigkeit und der Umsetzung seiner vitalen Energien.

Partnerschaft: Frühlingsgefühle und das »Kribbeln im Bauch« ...

Herausforderungen: Neuland zu erkunden, auch Vergessenes, Unberücksichtigtes und Unbekanntes zu erfahren, stellt in diesen Tagen eine außerordentliche Herausforderung dar. Bleiben Sie dabei, zu meditieren, zu träumen und bei sich selbst zu sein.
Alltag: Verlassen Sie sich auf Ihre Phantasie und Tatkraft.

Mond in Krebs & Sonne in Stier

Machen Sie aus Ihrem Herzen keine Mördergrube. Eine gute Konstellation, um mit »Gott und der Welt« Frieden zu schließen. Hier bewährt sich eine bodenständige Lebensfreude, für die Alltag und Abenteuer, Spiritualität und Realitätsprinzip keine unüberbrückbaren Gegensätze darstellen.
Gesundheit: Brust und Bauch, Hals und Mund sind hier besonders zu pflegen und zu beachten. Der Körper verarbeitet und/oder verlangt viele Kohlehydrate. Praktische Ergebnisse und der Fluss der Gefühle entscheiden über Ihr Wohlbefinden.
Natur: Auch im übertragenen Sinne gilt es, nach draußen zu gehen, aber auch Zäune und Grenzen zu erneuern.
Beruf: Ideale Kombination für die Vermögensplanung. Optimal für gute Geschäfte, das heißt,

für Geschäfte, die allen Beteiligten wirklichen Nutzen bringen.
Familie: Machen Sie Ihre eigene Erfahrung, ermuntern Sie die anderen Familienmitglieder, eigene Erfahrungen zu machen. Haben Sie den Mut, persönliche Besitzansprüche aufzugeben.
Partnerschaft: Grenzen ziehen, Abstände schaffen und unterschiedliche Standorte zu respektieren, ist nun angenehm und notwendig. Finden Sie wieder zu dem Menschen, der sich hinter bestimmten Gewohnheiten und Standardargumenten verbirgt.
Herausforderungen: Zu den eigenen Wurzeln zu finden, zu meditieren und zu träumen ist ein großes Abenteuer. Dabei besteht die Herausforderung darin, sich selber zu produzieren, d.h. sich unabhängig zu machen von Fremdbestimmung.
Alltag: Machen Sie es sich jetzt bequem, verwöhnen Sie sich und Andere. Arbeiten Sie für das, was Ihnen und Anderen gut tut! Lieber Selbsterfahrung als Autosport!

Mond in Krebs & Sonne in Zwillinge

Zwei Nachbarzeichen, hier Krebs und Zwillinge, sind sich manchmal unglaublich fremd. Die Gefühle des Krebses und das Denken der Zwillinge müssen nicht unbedingt zusammenarbeiten. Aber besser wäre es.

Gesundheit: Brust und Bauch, Schultern und Lungen sind besonders zu beachten und zu pflegen. Der Körper verbraucht und verlangt viele Kohlehydrate. Vorsicht mit Zucker und Alkohol. Der Fluss der Gefühle entscheidet jetzt über Ihr Wohlbefinden.

Natur: Dies ist die Konstellation des Blühens und des Duftens. Sie spiegelt auch die Schönheit und den Zauber eines jeden Menschen wider.

Beruf: Fit für gute Geschäfte?! Sie finden geeignete Zwischenschritte und Aktionsmuster, die Sie optimal zu diesen Zielen geleiten.

Familie: Eine gute Konstellation fürs Familienleben. Wichtig dabei, daß jedes Familienmitglied in seiner Besonderheit zum Zuge kommt.

Partnerschaft: Distanz und Nähe, tägliche Gemeinsamkeiten und tägliche Unterscheidungen zwischen sich und Ihrem Partner bewirkt einen spannenden Energiefluss und zugleich eine Förderung der Selbständigkeit und des Ich-Gefühls für jeden Beteiligten. Das regt an und fördert die Liebe.

Herausforderungen: Zaubern und bezaubern lassen ...

Alltag: Eine gute Konstellation für alles, was mit dem Auto zusammen hängt. Schreiben erleichtert Sie!

Mond in Krebs & Sonne in Krebs

Die Krebstiere in der Natur streifen von Zeit zu Zeit ihren schützenden Panzer ab, verstecken sich einstweilen und lassen einen neuen Panzer wachsen. Während der Wandlungs- oder Übergangszeit sind sie besonders schutzlos, hilflos, roh und unfertig. So kann es uns beim Krebs-Neumond auch ergehen! Und einer solchen Wandlungsphase entspricht diese Konstellation als permanente Anlage.

Doch Sie sollten keineswegs schwarzsehen! Die Dunkelheit ist nur vorübergehend, und der Wandel ist lebensnotwendig.

Gesundheit: Brust und Brüste, Bauch und Magen sind hier besonders zu pflegen und zu beachten. Der Körper verarbeitet und verlangt mehr Kohlehydrate. Vorsichtig mit Zucker und Alkohol. Aber neben den Ernährungsfragen zählt hier vor allem ein blühendes Seelenleben.

Natur: Eine Konstellation der Sinnlichkeit und der Muße.

Beruf: Eine optimale Konstellation für gute Geschäfte. Entscheidend: Der Kontakt zu ihren Wurzeln und zu neuen Motivationen.

Familie: Legen Sie Wert auf die Selbständigkeit und die Unterschiede, auf das eigene Ich eines jeden Familienmitglieds.

Partnerschaft: Riskieren Sie mehr in der Liebe.

Wenn es in Ihrer Partnerschaft »kribbelt«, dann sind Sie auf der Höhe der Zeit.
Herausforderungen: Zu lieben und immer wieder neu zu lieben, ist jetzt das große Abenteuer.
Alltag: Heimat und Zuhause entstehen da, wo die eigene Natur die meisten Blüten und Früchte trägt. Lassen Sie sich diese Qualitäten nicht nehmen (und Ihr Zuhause nicht auf das Automobil beschränken).

Mond in Krebs & Sonne in Löwe

Wille und Gefühl sind hier wie Hund und Katze. Sie können aufeinander losgehen, aber auch lernen, miteinander zu leben, und sich wunderbar zu ergänzen. Es ist eine Frage des Bewusstseins, mit welcher Souveränität und auf welchem Niveau hier mondhafte Gefühle und sonnenhafter Wille gemeinsam in Erscheinung treten.
Gesundheit: Brust und Bauch, Herz und Kreislauf sind hier besonders beachtenswert, belastbar und bemerkbar. Der Körper verarbeitet und verlangt mehr Kohlehydrate. Der Fluss der Gefühle und die Lebenslust entscheiden über Ihr Wohlbefinden.
Natur: Garten, Wälder, Meer und Berge – wer nicht nach draußen geht, ist selber schuld.

Beruf: Bringen Sie Ihre Trümpfe ins Spiel. Eine optimale Gabe zur Herstellung von Win-Win-Situationen, das heißt, für Geschäfte, bei denen alle Beteiligten gewinnen.
Familie: Kinder und Karriere, Selbstverwirklichung und Zusammenleben sind ergänzende Pole, die Sie im Lichte der Löwe-Energie besonders gut miteinander verbinden können ... und müssen.
Partnerschaft: In diesen Zeichen sind Gefühl und Libido sehr stark! Man sollte nichts erzwingen und nichts versäumen.
Herausforderungen: Genießen Sie die Intensität, die spürbare Erfahrung von Lebenskraft und Lebendigkeit, zusammen mit der Erfahrung, zu den eigenen Wurzeln zu finden, zu meditieren und zu lieben...
Alltag: Hier heißt es, Wäsche zu waschen und auch im übertragenen Sinne »schmutzige Wäsche« zu waschen, um gewisse Probleme zu bereinigen!

Mond in Krebs & Sonne in Jungfrau

Eine angenehme und produktive Konstellation, in der Sie allerdings nicht vor Überraschungen sicher sind. Kommen Sie aus Ihrem Schneckenhaus, und nehmen Sie teil am größeren Spiel der Kräfte. Auf diese Weise hüten und schützen Sie sich am besten vor unerwünschten Zumutungen.

Gesundheit: Brust und Bauch, Darm und Verdauung sind hier besonders zu beachten und pflegebedürftig. Der Körper verarbeitet und verlangt mehr Kohlehydrate als sonst. Der Fluss der Gefühle ist entscheidend für Ihr gesundheitliches Wohlbefinden.

Natur: Die Zeit der Ernte bedeutet eine Anregung, sich auf das Wesentliche zu besinnen, darauf, was in Ihrem Leben wirklich zählt und worauf Sie im Alltag nicht verzichten sollten...

Beruf: Eine Konstellation für gute Geschäfte, vorausgesetzt, Sie vergessen nicht Ihren Mut und Ihre Fähigkeit, mit vielen Menschen zusammenzuarbeiten!

Familie: Auch hier gilt es Schneckenhäuser zu verlassen, wenn die Zeit dazu reif ist. Ermuntern Sie jedes Familienmitglied bei der Entfaltung und Kultivierung persönlicher Geschmacksvorstellungen und eines individuellen Lebensstils. Messen Sie nicht Ungleiches mit dem gleichen Maßstab.

Partnerschaft: Mut zum Gefühl heißt auch Mut zu (mehr) Direktheit!

Herausforderungen: Liebe in jeder Beziehung – das ist das höchste der Gefühle, eine Herausforderung, die alle Energie von Ihnen erfordert, sie aber auch in Ihnen freisetzt.

Alltag: Verschwenden Sie Ihre Zeit nicht mit Nebensächlichkeiten. Waschen Sie und bereinigen Sie Konflikte. Was wäre jedoch nötiger, als der Liebe neue Brücken zu bauen?!

Mond in Krebs & Sonne in Waage

Eine wichtige Konstellation, in der Sie die Chance haben, Herz und Verstand, Urteil und Erfahrung glücklich miteinander zu verbinden. Liebe und Kritik werden hier gemeinsam gebraucht.

Gesundheit: Brust und Bauch, Niere und Blase sind hier besonders angesprochen und pflegebedürftig. Achten Sie auf Alkohol, Zucker und andere kohlehydratverdächtige Nahrungsmittel. Hüten Sie sich vor ungeeigneter »Nervennahrung« genauso wie vor »Kummerspeck«. Sobald Sie Herz und Verstand nicht als Gegenspieler, sondern als Freunde in Ihrem Leben einsetzen, haben Sie gewonnen.

Natur: Für Sie ist typisch: Der Herbstanfang, eine Zeit des Umschaltens.

Beruf: Bringen Sie Ihre Phantasie ins Spiel, so werden Sie neue Mittel und gute Lösungen finden. Vertrautheit im Umgang mit inneren Bedürfnissen, Gefühlen und Motiven gibt Ihnen auch eine geschickte Hand im Umgang mit

Geschäftspartnern, Mitarbeitern und Kollegen.
Familie: Schauen Sie tiefer. Erkennen Sie, was jetzt nottut, und Sie werden ein anregendes Familienleben haben.
Partnerschaft: Der richtige Rahmen für große Gefühle und eine Reise in die Unendlichkeit!
Herausforderungen: Suchen Sie Ihre Wurzeln, meditieren und handeln Sie! Es reizen exotische Ziele und fremdartige Objekte. Auch Sie haben vage, extravagante Wünsche! Tun Sie etwas dafür!
Alltag: Schlechte Zeit zum Haareschneiden, aber zum Wäsche waschen und um Konflikte zu bereinigen. Eine geeignete Zeit fürs Auto. Sorgen Sie für Zeiten und Zonen wirklicher Zufriedenheit und Entspannung!

Mond in Krebs & Sonne in Skorpion

Viele und tiefe Gefühle wirken hier zusammen. Ihr Innenleben und Ihre Gefühle sind für Sie sehr bestimmend. Solange Sie das nicht anerkennen, können Sie sich selber (oder Andere) stark verletzen. Suchen sie nicht nach äußeren Sicherheiten. Sobald Sie sich Ihrer inneren Antriebe sicher sind und sich an das halten, was Ihnen Auftrieb gibt, haben Sie sich in der Waswelt der Seele freigeschwommen.

Gesundheit: Brust und Bauch, Geschlechts- und Ausscheidungsorgane sind hier besonders zu beachten und zu pflegen. Hier werden Scham- und Tabubereiche berührt. Hier ist es eine gesundheitliche Pflicht, sich um seine Leidenschaften und sein Verlangen zu kümmern, und dies ist im Moment oft sogar wichtiger als die Frage der Nahrungsart. Der Körper verarbeitet und/oder verlangt besonders Kohlehydrate.

Natur: Eine Konstellation der Ruhe und der inneren Sammlung. Eine Lebensweise vertiefter Freude und intensivierten Genusses.

Beruf: Tage der Veränderung. Eine optimale Konstellation für gute Geschäfte.

Familie: Im Allgemeinen eine gute bis sehr gute Konstellation für das Familienleben.

Partnerschaft: Mut zum Gefühl heißt hier auch Mut zu Begehren und Verlangen!

Herausforderungen: Sich »zwischen den Zeiten« Zeit nehmen, zwischen verschiedenen Terminen, zwischen Tag und Traum, Zeit für Meditation und Liebe ist ein Geschenk und Abenteuer.

Alltag: Eine günstige Konstellation für eine neue Kursbestimmung. Nicht nur in puncto Wagen und Verkehrsmittel, sondern auch was den eigenen Kurs, den persönlichen Weg angeht! »Verzeihen – ja; vergessen – nein!« Ziehen Sie einen Strich unter das, was war, und stellen Sie Ihre Erwartungen auf den Prüfstand.

Mond in Krebs & Sonne in Schütze

Gefühle (Krebs) und Weltanschauung und Lebensansichten (Schütze) verbinden sich hier. Im negativen Falle kommt es zu einer eingeschränkten Wahrnehmung. Man sieht nur, was man sehen will bzw. was die eigenen Gefühle zulassen. Im positiven Falle aber gelingt es, mit Einsicht und Verständnis auch komplizierte Gefühle zu akzeptieren und zu unterscheiden. Dann fällt es Ihnen leicht, innere Bedürfnisse nach außen zu tragen, äußere Anstöße innerlich zu verarbeiten und alle Erfahrungen immer besser zu erinnern.

Gesundheit: Brust und Bauch, Lenden und Oberschenkel sind hier besonders zu pflegen und zu beachten. Der Körper verarbeitet und verlangt mehr Kohlehydrate und Blattnahrung als sonst. Der Fluss der Gefühle und ein ausgependeltes Verhältnis zwischen inneren Bedürfnissen und äußeren Aktivitäten entscheiden jetzt über Ihr Wohlbefinden.

Natur: Einen »Wunschzettel« zu schreiben und zu realisieren, bezieht sich jetzt auf alle Lebensaspekte – drinnen wie draußen.

Beruf: Der gewünschte Erfolg ist eine Frage der Bildung, der Kenntnis auch verwickelter Zusammenhänge und – nicht zuletzt – eine

Frage der Persönlichkeit! Eine optimale Zeit für Geschäfte, die *allen* Beteiligten Profit bringen.

Familie: Machen Sie Ihre eigene Erfahrung, ermuntern Sie die anderen Familienmitglieder, eigene Erfahrungen zu machen. Kümmern Sie sich um die vorhandenen Rätsel in Ihrer Familie ...

Partnerschaft: Viele Wünsche scheitern nicht am Mut zum Neuen, sondern am mangelnden Abschied vom Alten. Finden Sie wieder zu dem Menschen, der sich hinter bestimmten Rollen und Masken verbirgt.

Herausforderungen: Wann – wenn nicht jetzt die persönlichen Wünsche zum roten Faden machen und den eigenen Lebensentwurf vertreten?

Alltag: Geben Sie Gas, steigern Sie Ihren Einsatz für die Dinge, die Sie in diesem Jahr noch unter Dach und Fach bringen wollen, und beobachten Sie dabei Ihren Atem, Ihre Ruhe, Ihre innere Mitte!

Mond in Krebs & Sonne in Steinbock

Die Tage um den Krebs-Vollmond bringen außerordentlich viele Gefühle zum Vorschein. Man fühlt sich manchmal wie fortgerissen oder wie betäubt. Chance und Herausforderung bestehen in diesen Tagen jedoch darin, das persönliche Fassungsvermögen für seelische Konflikte zu erweitern. Wie man z.B. sein Rechenvermögen erweitert, so ist es auch möglich, das Verständnis im Gefühlsbereich, die sogenannte Emotionale Intelligenz, auszubauen und zu stabilisieren. Sie kommen in die wunderbare Lage, Geborgenheit und Selbständigkeit, Sicherheit und Freiheit in der Liebe miteinander zu vereinen.

Gesundheit: Brust und Bauch, Knochen und Knie sind nun von besonderem Interesse. Ihr emotionales Fassungsvermögen ist entscheidend. Hier zeigt sich auch, dass die Frage nach dem Sinn im Leben kein philosophischer Luxus, sondern vielmehr ein Garant für langfristiges Wohlergehen und persönliches Gedeihen ist. Der Körper verarbeitet und/oder verlangt mehr Kohlehydrate (Brennwerte, Zucker, »Grünfutter«) als sonst.

Natur: Ihr Lebenstempo: Der Winteranfang und die dunkelste Zeit des Jahres – sie markieren im Jahreskreis die höchste Stelle im Reigen der Tierkreiszeichen. Gehen Sie nach draußen, genießen Sie die Kargheit und die große Weite der Natur und betrachten Sie die Unendlichkeit des Kosmos ...

Beruf: Ihre Vertrautheit im Umgang mit inneren Bedürfnissen, Gefühlen und Motiven gibt Ihnen auch eine geschickte Hand für *gute Geschäfte*, die allen Beteiligten Nutzen bringen.

Familie: Stellen Sie bewusst die Weichen dafür, als Erwachsener auf neue, bewusste Art »Kind« zu werden und zu bleiben. Jetzt ist auch der richtige Zeitpunkt, sich (erneut) mit Ahnen und Vorfahren auseinanderzusetzen.

Partnerschaft: »Investieren« Sie in Ihre Partnerschaft und die Persönlichkeitsentwicklung.

Herausforderungen: Es gibt unsinnige Tabus, die Sie für Ihr Leben unbedingt abschaffen sollten! Und es gibt fehlende Tabus, die Sie in Ihrem Leben unbedingt einführen sollten! So erreichen Sie lohnende und kostbare Ziele.

Alltag: Sie brauchen Geduld, um schmutzige Wäsche zu reinigen und um Konflikte zu bereinigen. Werfen Sie Unnötiges und Überholtes aus Haus und Wagen heraus.

Mond in Krebs & Sonne in Wassermann

Eine schöne und abwechslungsreiche Kombination. Im Mittelpunkt steht dabei die Frage des Eigensinns. Selbstliebe und Selbstkritik müssen hier in eine Balance kommen. Dann können Sie den unseligen Eigensinn loswerden und den wahren Sinn des Eigenen zur Blüte bringen.

Gesundheit: Brust und Bauch, Unterschenkel und Sprunggelenke sind nun besonders zu beachten. Positive wie negative Einflüsse machen sich stärker als sonst bemerkbar. Der Körper verlangt nach Kohlehydraten. Entscheidend für Ihr Wohlbefinden sind der Fluss der Gefühle in sich und Ihre Anteilnahme am Fluss der Dinge, am Strom der Zeit.

Natur: Hier gilt es, nach draußen zu gehen, den Winter zu genießen und es sich drinnen schön warm und gemütlich zu machen.

Beruf: Eine ideale Konstellation für Jahrespläne, Jahreskonferenzen und Jahresabschlüsse. Altes wird abgeschlossen, das neue Jahr liegt offen vor uns. Eine optimale Zeit für *gute Geschäfte.*

Familie: Die fünfte Jahreszeit des Karnevals und Faschings ist auch eine Zeit der Ergänzung, der Umkehrung. Machen Sie Ihre eigene Erfahrung, ermuntern Sie die anderen Familienmitglieder,

eigene Erfahrungen zu machen.
Partnerschaft: Finden Sie zu dem Menschen, der sich hinter bestimmten Masken und Verrücktheiten verbirgt, und Sie gewinnen Zugang zu verschlossenen Seelengemächern.
Herausforderungen: »Was ich schon immer von mir wissen wollte, und was mir niemand anders sagen kann?!« Und: »Was ich schon immer von *Dir* wissen wollte und was mir niemand anders sagen kann?!«
Alltag: Wenn Sie mehrere Verpflichtungen gleichzeitig zu erfüllen haben, so ist dafür jetzt der richtige Zeitpunkt. Keine gute Zeit zum Haareschneiden, aber eine geeignete Konstellation für alles, was mit dem Auto und der eigenen Fortbewegung zusammenhängt, außerdem zum Waschen und Reinigen!

Mond in Krebs & Sonne in Fische

Viele Gefühle kommen hier zur Geltung. Das Verhältnis vom Teil zum Ganzen, vom Tropfen zum Ozean ist hier nicht immer klar. Mal droht man förmlich unterzugehen in der Flut der Gefühle, und ein anderes Mal glaubt man, man hätte nicht nur seinen eigenen kleinen Kelch, sondern den großen Lebensstrom insgesamt im Griff. Eine sehr emotionale und liebevolle Konstellation, in der Ihnen nur allzu selbstverständliche Selbstverständlichkeiten schaden können.

Gesundheit: Brust und Bauch sowie die Füße werden hier besonders beachtet. Der Körper verbraucht und verlangt mehr Kohlehydrate als sonst. Es geht darum, unbewusste Selbstverständlichkeiten Stück um Stück fallenzulassen, um ein bewusstes Selbstverständnis aufzubauen. Ein langer Weg, aber ein lohnender – und zugleich die beste Gesundheitsvorsorge!

Natur: Jetzt ist es Zeit, den Winter zu genießen und zu verabschieden. Der richtige Zeitpunkt, um in Frühbeeten Blattgemüse zu pflanzen und zu pflegen, Ihre Zimmerpflanzen zu gießen und die Blumen zu düngen.

Beruf: Meditation und Marktbeobachtung. Eine optimale Zeit für gute Geschäfte, die *allseits* Nutzen stiften.

Familie: Vertrauen heißt, allen Erfahrungen, die ein Mensch gemacht hat, Glauben zu schenken.

Partnerschaft: Spüren Sie das »Kribbeln im Bauch«! Venus, die Göttin der Liebe, ist im Zeichen der Fische besonders wirkungsvoll!

Herausforderungen: Fasten- und Einkehrtage tun besonders gut. Sie steigern die Lebenslust ...

Alltag: Eine geeignete Konstellation für alles,

was mit dem Auto und dem persönlichen Fortkommen zusammenhängt, auch um zu waschen und um Konflikte zu bereinigen, dabei sogar alte und lang andauernde Probleme.

Das Beste zum Schluss

Beim Sternzeichen Krebs liegt die Betonung auf der Erinnerung des eigenen Ursprungs, auf dem permanenten Austausch, den auch das Zeichen symbolisiert. (Von daher sind auch die Bedeutungen des 4. Hauses im Horoskop wie Nestgefühl, Urvertrauen, Eltern, Erbteile, Treue usw. zu verstehen.) Die Chancen des Sternzeichens sind eine ungewöhnliche Instinktsicherheit, die eine verlässliche Identität begründet, sowie eine ungewöhnliche Liebesfähigkeit. Aus der Ablösung und Übertragung der »Mutterliebe« in das selbstständige Erwachsenenleben.

Neue Heimat

Wichtig für die persönliche Interpretation ist die Erinnerung der eigenen Mutter-Kind-Beziehung (und der Eltern-Kind-Beziehung) und späterer enger Beziehungen. Indem wir diese Erfahrungen erinnern und zur gegebenen Zeit neu durchleben, wächst die Fähigkeit, sich selbst Mutter und Kind zu sein. Dies aber ist die Quelle einer großen Freude – einer permanenten Lebensfreude, weil man in dieser Welt eine Heimat hat und der Erfahrung einer Symbiose als «Zusammenleben verschiedener Lebewesen zum gegenseitigen Nutzen«.

In diesem Sinne sollten wir alle Krebse sein!

Anhang

So bestimmen Sie Aszendent und Mondzeichen

Zeichenerklärung

♈	Widder	♎	Waage
♉	Stier	♏	Skorpion
♊	Zwillinge	♐	Schütze
♋	Krebs	♑	Steinbock
♌	Löwe	♒	Wassermann
♍	Jungfrau	♓	Fische

Gebrauchsanweisung zu den Tabellen

Um den Aszendenten festzustellen, sieht man in der Tabelle beim Geburtstag nach. Dort findet man in der 2. Spalte, unter Zeit, eine Zeitangabe. Diese Zeitangabe zählt man zur Geburtszeit (Stunde plus Minuten) hinzu.
Dann sucht man in der Städtetafel (S. 88) die Stadt auf, die dem Geburtsort am nächsten liegt, und zieht die dort angegebenen Minuten bei – ab oder zählt sie bei + hinzu, und merke sich den Breitengrad.
Kommt eine Zeit von über 24 Stunden heraus, so muss man 24 Stunden abziehen. Diese Zeitangabe sucht man in der Spalte Zeit auf. Trifft

die Zeit nicht exakt zu, dann benutzt man die nächstliegende nach oben oder unten.
Man liest den dazugehörenden Aszendenten unter dem richtigen Breitengrad ab und beachtet auch das dazugehörige Tierkreiszeichen (siehe Zeichenerklärung).
Bei Sommerzeit (S. 89) muß man eine Stunde von der Geburtszeit abziehen.

Beispiel:

Welcher Aszendent herrscht am 3. Mai um 12.10 Uhr in München?

Zeit am 3. Mai	=		14 Std. 44 Min.
Zeit des Ereignisses	=	+	12 Std. 10 Min.
			26 Std. 54 Min.
München 48° - 14 Min. =		–	14 Min.
			26 Std. 40 Min.
da über 24 Stunden		–	24 Std.
Ergebnis			2 Std. 40 Min.

Diese Zeit schlagen wir nun in der Tabelle unter Zeit nach und finden unter 48° (dem Breitengrad von München) den Aszendenten Löwe vor (23. Grad Löwe).

Der zugehörige Aszendent ist Löwe!

Januar

Tag	Zeit	Aszendent 46°	48°	50°	52°	54°
1	6.40	7♎	7♎	7♎	7♎	6♎
2	6.44	8	8	7	7	7
3	6.48	9	8	8	8	8
4	6.52	9	9	9	9	8
5	6.56	10	10	10	9	9
6	7.00	11	11	10	10	10
7	7.04	12	11	11	11	10
8	7.08	12	12	12	11	11
9	7.12	13	13	12	12	12
10	7.16	14	13	13	13	13
11	7.20	15	14	14	14	13
12	7.24	15	15	15	14	14
13	7.28	16	16	16	15	14
14	7.32	17	16	16	16	15
15	7.36	18	17	17	16	16
16	7.40	18	18	18	17	17
17	7.44	19	19	18	18	17
18	7.48	20	19	19	18	18
19	7.52	21	20	20	19	19
20	7.56	21	21	20	20	19
21	8.00	22	22	21	20	20
22	8.04	23	22	22	21	21
23	8.08	24	23	22	22	21
24	8.12	24	24	23	23	22
25	8.16	25	24	24	23	23
26	8.20	26	25	25	24	23
27	8.24	26	26	25	25	24
28	8.28	27	27	26	25	25
29	8.32	28	27	27	26	25
30	8.36	29	28	27	27	26
31	8.40	29	29	28	27	27

Februar

Tag	Zeit	Aszendent 46°	48°	50°	52°	54°
1	8.43	0♏	0♏	29♎	28♎	27♎
2	8.47	1	0	0♏	29	28
3	8.51	2	1	0	0♏	29
4	8.55	2	2	1	0	29
5	8.59	3	2	2	1	0♏
6	9.03	4	3	2	2	1
7	9.07	5	4	3	2	2
8	9.11	5	5	4	3	2
9	9.15	6	5	5	4	3
10	9.19	7	6	5	4	4
11	9.23	8	7	6	5	4
12	9.27	8	8	7	6	5
13	9.31	9	8	7	7	6
14	9.35	10	9	8	7	6
15	9.39	11	10	9	8	7
16	9.43	11	10	10	9	8
17	9.47	12	11	10	9	8
18	9.51	13	12	11	10	9
19	9.55	14	12	12	11	10
20	9.59	14	13	12	11	10
21	10.03	15	14	13	12	11
22	10.07	16	15	14	13	12
23	10.11	17	15	15	13	12
24	10.15	17	16	15	14	13
25	10.19	18	17	16	15	14
26	10.23	19	18	17	16	14
27	10.27	20	19	17	16	15
28	10.31	20	19	18	17	16

März

Tag	Zeit	Aszendent 46°	48°	50°	52°	54°
1	10.34	21♏	20♏	19♏	17♏	16♏
2	10.38	22	20	19	18	17
3	10.42	22	21	20	19	17
4	10.46	23	22	21	19	18
5	10.50	24	23	21	20	19
6	10.54	25	23	22	21	20
7	10.58	25	24	23	22	20
8	11.02	26	25	24	22	21
9	11.06	27	26	24	23	22
10	11.10	28	26	25	24	22
11	11.14	28	27	26	24	23
12	11.18	29	28	27	25	24
13	11.22	0♐	29	27	26	24
14	11.26	1	29	28	27	25
15	11.30	1	0♐	29	27	26
16	11.34	2	1	29	28	26
17	11.38	3	2	0♐	29	27
18	11.42	4	2	1	29	28
19	11.46	4	3	2	0♐	28
20	11.50	5	4	2	1	29
21	11.54	6	5	3	2	0♐
22	11.58	7	5	4	2	1
23	12.02	8	6	5	3	1
24	12.06	8	7	5	4	2
25	12.10	9	8	6	4	3
26	12.14	10	8	7	5	4
27	12.18	11	9	8	6	4
28	12.22	12	10	8	7	5
29	12.26	12	11	9	7	6
30	12.30	13	12	10	8	6
31	12.34	14	12	11	9	7

April

Tag	Zeit	Aszendent 46°	48°	50°	52°	54°
1	12.37	15♐	13♐	11♐	9♐	8♐
2	12.41	15	14	12	10	8
3	12.45	16	15	13	11	9
4	12.49	17	15	14	12	10
5	12.53	18	16	14	12	10
6	12.57	19	17	15	13	11
7	13.01	20	18	16	14	12
8	13.05	20	19	17	15	13
9	13.09	21	19	18	16	13
10	13.13	22	20	18	16	14
11	13.17	23	21	19	17	15
12	13.21	24	22	20	18	16
13	13.25	25	23	21	19	17
14	13.29	26	24	22	20	17
15	13.33	26	25	23	20	18
16	13.37	27	25	23	21	19
17	13.41	28	26	24	22	20
18	13.45	29	27	25	23	21
19	13.49	0♑	28	26	24	21
20	13.53	1	29	27	25	22
21	13.57	2	0♑	28	26	23
22	14.01	3	1	29	26	24
23	14.05	4	2	0♑	27	25
24	14.09	5	3	1	28	26
25	14.13	6	4	1	29	26
26	14.17	7	5	2	0♑	27
27	14.21	8	6	3	1	28
28	14.25	9	7	4	2	29
29	14.29	10	8	5	3	0♑
30	14.33	11	9	6	4	1

Mai

Tag	Zeit	Aszendent				
		46°	48°	50°	52°	54°
1	14.36	12♑	9♑	7♑	5♑	2♑
2	14.40	13	10	8	6	3
3	14.44	14	11	9	7	4
4	14.48	15	13	10	8	5
5	14.52	16	14	11	9	6
6	14.56	17	15	12	10	7
7	15.00	18	16	13	11	8
8	15.04	19	17	14	12	9
9	15.08	20	18	16	13	10
10	15.12	21	19	17	14	11
11	15.16	23	20	18	15	12
12	15.20	24	22	19	16	13
13	15.24	25	23	20	17	14
14	15.28	26	24	22	19	15
15	15.32	28	25	23	20	17
16	15.36	29	27	24	21	18
17	15.40	0♒	28	25	22	19
18	15.44	1	29	27	24	20
19	15.48	3	1♒	28	25	22
20	15.52	4	2	29	26	23
21	15.56	6	3	1♒	28	24
22	16.00	7	5	2	29	26
23	16.04	8	6	4	1♒	27
24	16.08	10	8	5	2	29
25	16.12	11	9	7	4	0♒
26	16.16	13	11	8	5	2
27	16.20	14	12	10	7	3
28	16.24	16	14	11	8	5
29	16.28	17	15	13	10	7
30	16.32	19	17	15	12	8
31	16.36	21	19	16	14	10

Juni

Tag	Zeit	Aszendent				
		46°	48°	50°	52°	54°
1	16.38	21♒	19♒	17♒	14♒	11♒
2	16.42	23	21	19	16	13
3	16.46	24	23	20	18	14
4	16.50	26	24	22	20	16
5	16.54	28	26	24	22	18
6	16.58	0♓	28	26	24	20
7	17.02	1	0♓	28	26	23
8	17.06	3	2	0♓	28	25
9	17.10	5	4	2	0♓	27
10	17.14	7	5	4	2	29
11	17.18	9	7	6	4	2♓
12	17.22	11	9	8	6	4
13	17.26	12	11	10	8	6
14	17.30	14	13	12	11	9
15	17.34	16	15	14	13	11
16	17.38	18	17	17	15	14
17	17.42	20	20	19	18	17
18	17.46	22	22	21	20	19
19	17.50	24	24	23	23	22
20	17.54	26	26	25	25	25
21	17.58	28	28	28	28	27
22	18.02	0♈	0♈	0♈	0♈	0♈
23	18.06	2	2	2	2	3
24	18.10	4	4	5	5	5
25	18.14	6	6	7	7	8
26	18.18	8	8	9	9	11
27	18.22	10	10	11	12	13
28	18.26	12	13	13	15	16
29	18.30	14	15	15	17	19
30	18.34	16	17	18	19	21

Juli

Tag	Zeit	Aszendent				
		46°	48°	50°	52°	54°
1	18.36	17♈	18♈	19♈	21♈	23♈
2	18.40	19	20	22	23	26
3	18.44	21	22	24	25	28
4	18.48	23	24	26	28	0♉
5	18.52	25	26	28	0♉	3
6	18.56	26	28	0♉	2	5
7	19.00	28	0♉	2	4	7
8	19.04	0♉	2	4	6	9
9	19.08	2	3	5	8	11
10	19.12	3	5	7	10	13
11	19.16	5	7	9	12	15
12	19.20	7	9	11	14	17
13	19.24	8	10	13	15	19
14	19.28	10	12	14	17	21
15	19.32	12	14	16	19	22
16	19.36	13	15	18	21	24
17	19.40	15	17	19	22	26
18	19.44	16	18	21	24	27
19	19.48	18	20	22	25	29
20	19.52	19	21	24	27	0♊
21	19.56	21	23	25	28	2
22	20.00	22	24	27	0♊	3
23	20.04	23	26	28	1	5
24	20.08	25	27	0♊	3	6
25	20.12	26	28	1	4	7
26	20.16	28	0♊	2	5	9
27	20.20	29	1	4	7	10
28	20.24	0♊	2	5	8	11
29	20.28	1	4	6	9	12
30	20.32	3	5	7	10	14
31	20.36	4	6	9	12	15

August

Tag	Zeit	Aszendent				
		46°	48°	50°	52°	54°
1	20.38	4♊	7♊	9♊	12♊	15♊
2	20.42	6	8	10	13	16
3	20.46	7	9	12	14	17
4	20.50	8	10	13	16	18
5	20.54	9	11	14	17	19
6	20.58	10	13	15	18	20
7	21.02	11	14	16	19	21
8	21.06	13	15	17	20	22
9	21.10	14	16	18	21	23
10	21.14	15	17	19	22	24
11	21.18	16	18	20	23	25
12	21.22	17	19	21	24	26
13	21.26	18	20	22	25	27
14	21.30	19	21	23	26	28
15	21.34	20	22	24	27	29
16	21.38	21	23	25	28	0♋
17	21.42	22	24	26	29	1
18	21.46	23	25	27	0♋	2
19	21.50	24	26	28	1	3
20	21.54	25	27	29	2	4
21	21.58	26	28	0♋	2	5
22	22.02	27	29	1	3	6
23	22.06	28	0♋	2	4	7
24	22.10	29	1	3	5	8
25	22.14	0♋	2	4	6	8
26	22.18	1	3	5	7	9
27	22.22	2	3	5	8	10
28	22.26	2	4	6	8	11
29	22.30	3	5	7	9	12
30	22.34	4	6	8	10	12
31	22.38	5	7	9	11	13

September

Tag	Zeit	Aszendent 46°	48°	50°	52°	54°
1	22.40	5♋	7♋	9♋	11♋	13♋
2	22.44	6	8	10	12	14
3	22.48	7	9	11	13	15
4	22.52	8	10	12	14	16
5	22.56	9	11	12	14	17
6	23.00	10	11	13	15	17
7	23.04	11	12	14	16	18
8	23.08	11	13	15	17	19
9	23.12	12	14	16	18	20
10	23.16	13	15	16	18	20
11	23.20	14	16	17	19	21
12	23.24	15	16	18	20	22
13	23.28	16	17	19	21	22
14	23.32	16	18	20	21	23
15	23.36	17	19	20	22	24
16	23.40	18	19	21	23	25
17	23.44	19	20	22	24	25
18	23.48	20	21	23	24	26
19	23.52	20	22	23	25	27
20	23.56	21	23	24	26	27
21	24.00	22	23	25	26	28
22	0.04	23	24	26	27	29
23	0.08	23	25	26	28	0♌
24	0.12	24	26	27	29	0
25	0.16	25	26	28	29	1
26	0.20	26	27	29	0♌	2
27	0.24	27	28	29	1	2
28	0.28	27	29	0♌	2	3
29	0.32	28	29	1	2	4
30	0.36	29	0♌	2	3	4

Oktober

Tag	Zeit	Aszendent 46°	48°	50°	52°	54°
1	0.38	29♋	1♌	2♌	3♌	5♌
2	0.42	0♌	1	3	4	6
3	0.46	1	2	3	5	6
4	0.50	2	3	4	6	7
5	0.54	2	4	5	6	8
6	0.58	3	4	6	7	8
7	1.02	4	5	6	8	9
8	1.06	5	6	7	8	10
9	1.10	5	7	8	9	10
10	1.14	6	7	9	10	11
11	1.18	7	8	9	11	12
12	1.22	8	9	10	11	13
13	1.26	8	10	11	12	13
14	1.30	9	10	11	13	14
15	1.34	10	11	12	13	15
16	1.38	11	12	13	14	15
17	1.42	11	12	14	15	16
18	1.46	12	13	14	15	17
19	1.50	13	14	15	16	17
20	1.54	14	15	16	17	18
21	1.58	14	15	16	17	19
22	2.02	15	16	17	18	19
23	2.06	16	17	18	19	20
24	2.10	17	18	19	20	21
25	2.14	17	18	19	20	21
26	2.18	18	19	20	21	22
27	2.22	19	20	21	22	23
28	2.26	20	20	21	22	23
29	2.30	20	21	22	23	24
30	2.34	21	22	23	24	25
31	2.38	22	23	24	24	25

November

Tag	Zeit	Aszendent 46°	48°	50°	52°	54°
1	2.40	22♌	23♌	24♌	25♌	26♌
2	2.44	23	24	24	25	26
3	2.48	24	24	25	26	27
4	2.52	24	25	26	27	28
5	2.56	25	26	27	27	28
6	3.00	26	27	27	28	29
7	3.04	27	27	28	29	0♍
8	3.08	27	28	29	29	0
9	3.12	28	29	29	0♍	1
10	3.16	29	29	0♍	1	2
11	3.20	0♍	0♍	1	2	2
12	3.24	0	1	2	2	3
13	3.28	1	2	2	3	4
14	3.32	2	2	3	4	4
15	3.36	3	3	4	4	5
16	3.40	3	4	4	5	6
17	3.44	4	5	5	6	6
18	3.48	5	5	6	6	7
19	3.52	5	6	7	7	8
20	3.56	6	7	7	8	8
21	4.00	7	7	8	9	9
22	4.04	8	8	9	9	10
23	4.08	8	9	9	10	10
24	4.12	9	10	10	11	11
25	4.16	10	10	11	11	12
26	4.20	11	11	12	12	12
27	4.24	11	12	12	13	13
28	4.28	12	13	13	13	14
29	4.32	13	13	14	14	15
30	4.36	14	14	14	15	15

Dezember

Tag	Zeit	Aszendent 46°	48°	50°	52°	54°
1	4.38	14♍	15♍	15♍	15♍	16♍
2	4.42	15	15	16	16	16
3	4.46	16	16	16	17	17
4	4.50	16	17	17	17	18
5	4.54	17	18	18	18	18
6	4.58	18	18	19	19	19
7	5.02	19	19	19	19	20
8	5.06	19	20	20	20	20
9	5.10	20	20	21	21	21
10	5.14	21	21	21	22	22
11	5.18	22	22	22	22	22
12	5.22	22	23	23	23	23
13	5.26	23	23	24	24	24
14	5.30	24	24	24	24	25
15	5.34	25	25	25	25	25
16	5.38	25	26	26	26	26
17	5.42	26	26	26	26	27
18	5.46	27	27	27	27	27
19	5.50	28	28	28	28	28
20	5.54	28	29	29	29	29
21	5.58	29	29	29	29	29
22	6.02	1♎	1♎	1♎	1♎	1♎
23	6.06	1	1	1	1	1
24	6.10	2	1	1	1	1
25	6.14	2	2	2	2	2
26	6.18	3	3	3	3	3
27	6.22	4	4	4	4	3
28	6.26	5	4	4	4	4
29	6.30	5	5	5	5	5
30	6.34	6	6	6	6	5
31	6.38	7	7	6	6	6

Städtetafel

Stadt	Breitengrad	Minuten	Stadtt	Breitengrad	Minuten	Stadt	Breitengrad	Minuten
Aachen	50	- 36	Genf	46	- 35	Münster	52	- 29
Amsterdam	52	- 40	Gießen	50	- 25	Nürnberg	50	- 16
Augsburg	48	- 16	Görlitz	52	—	Oberhausen	52	- 33
Baden-Baden	48	- 27	Göttingen	52	- 20	Oberstdorf	48	- 19
Basel	48	- 30	Graz	48	+ 2	Oldenburg	54	- 27
Berlin	52	- 6	Hamburg	54	- 20	Osnabrück	52	- 28
Bern	46	- 30	Hannover	52	- 21	Paderborn	52	- 25
Bielefeld	52	- 26	Heidelberg	50	- 25	Paris	48	- 51
Bochum	52	- 31	Helgoland	54	- 28	Passau	48	- 6
Bonn	50	- 32	Hildesheim	52	- 20	Prag	50	- 2
Bozen	46	- 15	Hof	50	- 12	Regensburg	50	- 12
Braunschweig	52	- 18	Husum	54	- 28	Rostock	54	- 11
Bregenz	48	- 20	Iglau	50	+ 2	Saarbrücken	50	- 32
Bremen	54	- 24	Ingolstadt	48	- 14	Salzburg	48	- 8
Breslau	52	+ 8	Innsbruck	48	- 14	Straßburg	48	- 29
Brünn	50	+ 6	Kaiserslautern	50	- 29	Stuttgart	48	- 23
Brüssel	50	- 43	Karlsruhe	50	- 26	Trier	50	- 33
Budapest	48	+ 16	Kassel	52	- 22	Triest	46	- 5
Danzig	54	+ 14	Kiel	54	- 19	Ulm	48	- 20
Dortmund	52	- 30	Klagenfurt	46	- 3	Vaduz	48	- 22
Dresden	52	- 5	Köln	50	- 33	Warschau	52	+ 24
Düsseldorf	52	- 33	Königsberg	54	+ 22	Weimar	50	- 15
Emden	54	- 31	Leipzig	52	- 10	Wien	48	+ 6
Erfurt	50	- 16	Linz	48	- 3	Wiesbaden	50	- 27
Essen	52	- 32	London	52	- 60	Würzburg	50	- 20
Frankfurt/M.	50	- 25	Luxemburg	50	- 35	Zagreb	46	+ 4
Frankfurt/O.	52	- 2	Magdeburg	52	- 13	Zürich	48	- 26
Freiburg	48	- 29	Mainz	50	- 27			
Fulda	50	- 21	München	48	- 14			

Sommerzeit

Jahr	Einführungsdatum	Ende der Sommerzeit
1916	30. April	bis 1. Oktober
1917	16. April	bis 17. September
1918	15. April	bis 16. September
1940/42	1. April 1940	bis 2. November 1942
1943	29. März	bis 3. Oktober
1944	3. April	bis 7. Oktober
1945	2. April	bis 6. September
1946	14. April	bis 7. Oktober
1947	6. April	bis 5. Oktober (davon vom 11. Mai bis 29. Juni minus 2 Stunden)
1948	18. April	bis 3. Oktober
1949	10. April	bis 2. Oktober (Ostzone bis 18. November)
1980	6. April	bis 28. September
1981	29. März	bis 27. September
1982	28. März	bis 26. September
1983	27. März	bis 26. September
1984	25. März	bis 30. September
1985	31. März	bis 29. September
1986	30. März	bis 28. September
1987	29. März	bis 27. September
1988	27. März	bis 29. September
1989	26. März	bis 24. September
1990	25. März	bis 30. September
1991	31. März	bis 29. September
1992	29. März	bis 27. September usw.

(**ab 1998** jeweils bis Ende Oktober)

Anm.: Diese Tabelle gibt einen pauschalen Überblick über die Sommerzeiten im deutschsprachigen Raum. Regionale Unterschiede sind hier nicht berücksichtigt.

Mondtabellen

Die folgenden Tabellen erlauben Ihnen, ohne großen Aufwand das Mondzeichen für Ihre Geburt und für ein anderes Ereignis herausfinden. Gehen Sie folgendermaßen vor:

- Ermitteln Sie in *Tabelle A* auf Seite 91 ff. die *Mondzahl A*.
- Stellen Sie dann in *Tabelle B* auf Seite 94 die *Mondzahl B* fest.
- Addieren Sie die Mondzahlen A und B.
- Falls die Summe aus Mondzahl A und Mondzahl B größer ist als 360, ziehen Sie bitte 360 ab.
- Nun haben Sie die gewünschte *Mondzahl* errechnet.
- Wenn Sie die genaue Uhrzeit des Ereignisses kennen, zählen Sie aus *Tabelle C* auf Seite 94 den entsprechenden *Korrekturwert* dazu.
- *In Tabelle D* auf Seite 94 können Sie nun Ihre Mond-Deutungszahl ablesen. Sie sagt Ihnen, in welchem Tierkreiszeichen der Mond bei dem fraglichen Ereignis stand.

Beispiel: *Welches Mondzeichen herrschte am 21. Oktober 1956 um 5.30 Uhr?*

Mondzahl A	151
Mondzahl B	268
Summe aus A + B	419
Zeitangabe Tabelle C	– 6
Gesamtsumme	413
360 abziehen	– 360
Monddeutungszahl	53

Das zugehörige Mondzeichen ist – laut Tabelle D – Stier.

Tabelle A / Mondzahl A, Monat und Jahr des Ereignisses

Jahr	1	2	3	4	5	6	7	8	9	10	11	12
1920	38	91	115	167	202	248	281	326	14	50	104	153
1921	194	241	249	294	325	10	44	94	148	186	237	271
1922	317	1	10	55	91	153	182	234	284	318	3	35
1923	80	128	138	188	227	280	316	1	46	78	123	159
1924	210	263	288	339	13	59	91	137	185	222	270	314
1925	4	51	59	103	129	179	214	265	319	357	48	81
1926	126	172	180	226	262	315	356	46	95	128	172	204
1927	250	299	306	359	38	90	126	172	216	248	294	330
1928	22	76	100	150	184	229	261	307	356	34	87	125
1929	175	221	229	273	304	350	25	76	130	168	218	252
1930	296	341	350	37	74	127	166	218	265	298	342	14
1931	59	109	117	170	208	261	295	341	26	58	105	142
1932	194	248	272	321	355	38	71	117	167	205	258	296
1933	345	31	38	82	114	160	196	248	302	340	29	63
1934	107	152	161	208	245	299	337	29	76	108	152	184
1935	230	280	288	341	20	72	106	151	196	229	277	314
1936	7	60	84	132	165	209	241	287	237	15	69	106
1937	155	200	208	252	285	331	8	60	114	151	200	233
1938	277	322	331	19	56	110	148	199	246	278	321	253
1939	40	90	99	153	191	242	276	322	6	39	88	126
1940	180	232	255	302	335	19	51	97	148	188	240	277
1941	352	10	18	61	95	142	180	232	286	223	10	43
1942	87	133	141	190	227	281	329	9	55	88	131	163
1943	211	262	272	325	3	53	87	132	176	210	260	298
1944	351	43	65	112	145	188	221	268	318	357	50	87
1945	135	180	188	232	266	314	352	45	97	134	381	214
1946	258	303	311	1	38	91	130	156	225	257	301	334
1947	22	73	84	136	175	224	258	302	347	22	71	116
1948	163	215	236	282	314	358	30	77	129	168	221	257
1949	305	350	358	45	76	126	164	216	269	305	351	24
1950	67	114	121	171	209	263	300	350	35	67	111	144
1951	193	245	256	309	347	35	68	112	157	192	243	281
1952	335	25	46	92	124	167	200	248	300	339	31	68
1953	115	159	168	213	247	297	336	30	81	116	161	193

Jahr	1	2	3	4	5	6	7	8	9	10	11	12
1954	237	283	291	241	29	73	111	160	205	237	281	315
1955	5	58	69	121	158	205	238	282	328	357	54	92
1956	145	196	214	262	293	337	11	60	112	151	203	239
1957	285	330	339	24	58	109	148	201	252	287	331	3
1958	47	93	101	142	190	244	281	330	15	47	92	126
1959	157	230	241	293	330	16	48	92	126	173	225	263
1960	316	6	26	71	103	147	181	231	284	323	14	50
1961	95	140	149	194	229	280	319	13	32	97	141	172
1962	216	264	272	323	2	55	92	140	184	217	263	298
1963	349	43	53	105	140	186	218	262	308	343	36	74
1964	126	176	196	241	273	317	353	43	96	135	186	221
1965	246	310	319	5	40	92	130	184	233	267	311	342
1966	27	74	83	135	174	227	263	310	355	28	74	110
1967	161	185	225	276	311	356	28	72	118	157	208	245
1968	297	346	6	51	83	129	164	215	268	307	357	31
1969	76	121	129	175	210	263	302	354	43	76	120	152
1970	197	245	255	307	347	38	74	121	165	198	245	281
1971	334	27	36	87	121	156	197	241	288	324	17	56
1972	107	156	176	221	254	300	335	27	81	119	168	202
1973	246	290	298	345	21	74	114	165	213	246	290	322
1974	7	57	66	120	158	210	245	291	325	8	55	92
1975	145	199	207	257	290	335	7	52	98	137	188	227
1976	278	326	347	32	63	110	147	200	253	291	339	12
1977	56	100	118	155	191	245	283	335	23	56	100	132
1978	178	227	238	292	331	22	56	101	145	178	226	263
1979	317	9	18	67	100	145	176	221	269	307	1	38
1980	23	136	157	201	234	282	319	11	65	102	150	182
1981	226	270	278	325	2	55	94	145	193	226	270	303
1982	349	40	51	104	142	192	226	271	315	348	37	74
1983	127	181	188	237	270	314	346	31	80	118	171	210
1984	260	306	327	12	45	93	130	184	236	273	320	353
1985	36	80	88	136	173	226	266	316	353	36	80	113
1986	161	212	223	276	315	4	37	81	125	159	207	239
1987	296	351	359	46	80	124	156	203	253	291	344	23
1988	71	117	138	182	216	264	301	355	42	84	130	161

Jahr	1	2	3	4	5	6	7	8	9	10	11	12
1989	205	250	258	306	344	38	77	127	173	206	250	284
1990	333	24	34	88	126	174	206	251	295	328	18	56
1991	109	161	168	217	250	294	327	14	64	103	156	194
1992	242	287	307	352	26	75	112	166	219	254	300	331
1993	15	60	66	119	156	210	249	297	344	16	61	95
1994	144	196	207	260	297	344	17	61	105	139	189	226
1995	278	331	340	27	59	105	132	185	236	275	328	6
1996	53	98	118	162	195	245	283	337	29	64	109	141
1997	188	232	241	291	330	23	61	109	154	187	232	267
1998	318	11	20	73	109	155	187	231	276	310	1	40
1999	93	143	152	198	231	275	309	358	50	90	142	178
2000	198	246	269	329	8	67	97	128	180	221	270	305
2001	2	41	60	98	127	184	217	270	311	342	44	67
2002	127	157	176	196	247	307	338	40	84	119	167	196
2003	247	302	307	356	37	97	126	158	205	247	284	328
2004	14	68	89	149	176	229	247	335	337	29	66	117
2005	167	192	217	268	302	338	37	68	124	165	210	247
2006	307	339	345	31	67	124	159	209	252	299	337	6
2007	67	96	125	157	185	247	276	336	37	67	105	147
2008	186	240	270	307	338	37	56	97	157	186	247	276
2009	338	22	34	67	107	157	194	247	307	338	37	67
2010	97	152	167	186	247	276	338	17	67	97	157	185
2011	235	288	298	339	15	62	98	139	198	237	287	314
2012	359	48	69	116	155	206	245	296	342	18	62	99
2013	146	197	209	255	294	342	15	60	111	143	191	230
2014	276	329	336	36	64	109	143	165	229	274	328	4
2015	49	100	118	155	187	232	270	328	12	48	95	130
2016	175	219	244	295	337	25	56	108	155	192	236	266
2017	314	10	18	66	108	155	190	234	278	312	356	45
2018	88	144	152	198	231	275	309	358	46	77	126	171
2019	220	267	278	321	354	42	81	129	185	222	269	302
2020	348	29	51	99	138	190	218	270	321	358	46	72

Hinweis: Wenn Ihr Mond-Zeichen zwischen zwei benachbarten Tierkreiszeichen liegt, gelten die Einflüsse beider Zeichen.

Tabelle B / Mondzahl B, Tag des Ereignisses

Tag	Zahl	Tag	Zahl	Tag	Zahl	Tag	Zahl
1.	0	8.	94	16.	202	24.	309
2.	13	9.	107	17.	215	25.	322
3.	26	10.	121	18.	229	26.	336
4.	40	11.	134	19.	242	27.	349
5.	53	12.	148	20.	256	28.	3
6.	67	13.	161	21.	269	29.	16
7.	80	14.	175	22.	283	30.	30
		15.	188	23.	296	31.	43

Tabelle C / Korrekturwert, Uhrzeit des Ereignisses

0-6 h	6-12 h	12-18 h	18-24 h
– 6	– 3	+ 3	+ 6

Tabelle D / Mond-Deutungszahl

Ihre Mondzahl liegt zwischen:	Sie entspricht dem Mond in:
355 – 4	Fische / Widder
5 – 24	Widder
25 – 34	Widder / Stier
35 – 54	Stier
55 – 64	Stier / Zwillinge
65 – 84	Zwillinge
85 – 94	Zwillinge / Krebs
95 – 114	Krebs
115 – 124	Krebs / Löwe
125 – 144	Löwe
145 – 154	Löwe / Jungfrau
155 – 174	Jungfrau
175 – 184	Jungfrau / Waage
185 – 204	Waage
205 – 214	Waage / Skorpion
215 – 234	Skorpion
235 – 244	Skorpion / Schütze
245 – 264	Schütze
265 – 274	Schütze / Steinbock
275 – 294	Steinbock
295 – 304	Steinbock / Wassermann
305 – 324	Wassermann
325 – 334	Wassermann / Fische
335 – 354	Fische